世界文都 南京密码

◎宋世明 著

南京大学出版社

目录

引言

当我们谈论文都时，我们在谈论什么？

长江之尾、中国之东，有一座千年顽强生存的古都，拥有层层叠叠的前世今生。

三国时期，蜀相诸葛亮出使江东，挥洒羽扇，指点江山，对吴主孙权说：钟山龙蟠，石头虎踞，此乃帝王之宅也。

帝王的宅子，也挡不住很多人破门而入。历史上，此都六次被灭城，又六次重生，可谓是中国最有生命力、最强韧的城池。

江南佳丽地，金陵帝王州。

这说的是南京。阔气的南京。

风吹柳花满店香，吴姬压酒唤客尝。

这也是南京。豪气的南京。一河的酒气，载不动轻舟。

无情最是台城柳，依旧烟笼十里堤。

这还是南京。叹气的南京，六朝如梦鸟空啼。

天若有情天亦老，人间正道是沧桑！

这正是今天的南京。

在中国，很少有一座城市像南京这样复杂暧昧。仅仅名字，就起了许多个，金陵、秣陵、建康、建业、白下、江宁、蒋州、升州、天京、应天、石头城⋯⋯改来改去，上天入地。

南京有许多面相。说她虎踞龙盘，可最终霸气尽而江山空；说她高贵惊艳，却又商女不知亡国恨；说她儿女情长，却又无情最是台城柳；说她现世安好，却又风雨纵横乱入楼。

这真是一座迷都。太多的历史转折，太多的浩叹、反思、追问、新生，这座城市注定不甘平庸。

在一个梧桐蔽日、黄叶铺地的诗意之城，什么奇迹都会发生。当文学撞上了南京，那就是天下文枢，那就是世界文都。

2019 年 10 月 31 日，世界城市日，联合国教科文组织官方宣布，批准 66 座城市加入联合国教科文组织"创意城市网络"。其中，南京被列入"世界文学之都"，成为中国第一个获此称号的城市。

诺贝尔文学奖得主、著名作家莫言迅速评价：实至名归！

诺贝尔文学奖得主、法国作家勒·克莱齐奥说：南京是一座如此美丽的城市，沉浸在历史和文学之中，我很享受在南京生活和教学。作为一名职业作家，在我看来，南京为文学创作之城树立了一个理想的榜样。

茅盾文学奖得主、著名作家毕飞宇说："我认为，南京配得上'文学之都'这个骄傲的称号。今天，以文学的名义，我们有资格为南京人骄傲，为江苏人骄傲。"

2019 年 10 月 31 日，联合国教科文组织发给南京的一封信，宣布南京成为"世界文学之都"。

六朝古都南京，在这一刻，以一张新的世界级的文化名片出现在了世人的面前。今天，记住世界为她送来的新头衔：文都！

南京不早就已经是文学之都了吗？面对新闻，南京本地人脑袋里飘出来一个问号。

这是一个傲娇的疑问，带着春眠不觉晓的慵懒和淡定。

走过夫子庙天下文枢的牌坊，穿过夕阳下明孝陵的石像路，拍过六朝的水井栏杆，踏过李白倚过的凤凰台，见多识广的南京人不觉得文学是稀奇的事，多大的事啊。

为什么是南京？这是南京获评"世界文学之都"后，人们很想知道的问题。不显山不露水低调温婉的南京，突然爆出了这么个喜事。王谢家的燕子，凭啥飞进了寻常百姓的家里呢？

"世界文学之都"到底是个什么荣誉？评选文学之都有什么具体的标准？南京又是怎么申报成功的？申报过程中经历了哪些困难？申报成功了又有什么意义呢？面对文学乃至文化圈里的奔走相告、热情澎湃，圈外的人们也不禁充满了好奇。

世界文学之都，其实是我们自己的说法，准确的名称应该叫联合国教科文组织"创意城市网络"之"文学之都"。这个项目始于2004年，是联合国教科文组织在"世界遗产""非物质文化遗产"之后向全球推行的又一旗舰项目。

"创意城市网络"下设七大门类：文学之都、电影之都、音乐之都、手工艺与民间艺术之都、设计之都、媒体艺术之都、美食之都。每两年评选一次。

联合国教科文组织给"创意城市网络"确定的基本宗旨

Crafts & Folk Art / Design / Film / Gastronomy / Literature / Media Arts / Music

CREATIVE
CITIES FOR SUSTAINABLE DEVELOPMENT

创意城市
与可持续发展

手工艺与民间艺术 / 设 计 / 电影 / 美食 / 文学 / 媒体艺术 / 音乐

是：在经济和技术全球化的时代语境下倡导和维护文化多样性，希望并鼓励联合国教科文组织成员国家的城市自愿提出申请，将本国城市在社会、经济和文化发展中的成功经验、创意理念和创新实践，向世界各国城市的管理者和市民开放，从而使全球的城市之间能够建立起一种学习、交流和互助的网络，推进发达国家和发展中国家的城市社会、经济和文化的发展。

截至 2021 年，全世界已有 295 座城市成为"创意城市网络"成员。

在南京获评文学之都之前，我国已有 12 座城市加入该网络，分别是 4 个"设计之都"（北京、上海、深圳、武汉），3 个"美食之都"（顺德、成都、澳门），3 个"手工艺与民间艺术之都"（杭州、景德镇、苏州），1 个"媒体艺术之都"（长沙），1 个"电影之都"（青岛）。

在七大类全球创意城市评选中，中国当时还没有"文学之都"。

缺席的这一门却是七大门类中最难申报的项目，也是含金量很高的一个。

南京于 2019 年 10 月 31 日成功获评"文学之都"称号，至此，我国终于有了第一个文学之都。

所以，概而言之，南京入选了联合国教科文组织"创意城市网络"之"文学之都"。

当然，"文学之都"这样的译法也算我们另一种善意的误解，因为根据英文名称，City of Literature，教科文组织官方中文翻译是"之都"。

该概念的内涵并不过于强调"首都"之类的行政意义，或者"古都"这样的文化考古渊源，而是突出强调文学与城市可持续发展的关系和作用，比如：一个城市出版的质量、数量和多样性；以文学为重点的教育项目的质量和数量；文学、戏剧或诗歌在城市中发挥重要作用的程度；是否举办文学活动和文学节，文学氛围是否浓厚；图书馆、书店和文化中心的数量；以及媒体在促进文学方面的参与率，等等。

因此，南京入选之前，在已有的28个文学之都中，除极少数算首都城市以外，95%是世界知名城市，有的甚至只是人口十余万的小城市。

英国的爱丁堡被誉为"生长在文学上的城市"，是世界上第一个获评世界文学之都的城市（2004年），拥有50家出版社，是世界出版业的中心。另外，这里不仅是许多著名作家（如亚瑟·柯南·道尔）的出生地，也是世界上最古老的流动图书馆的所在地。从《大不列颠百科全书》到《福

英国爱丁堡是世界上第一个获评世界文学之都的城市(2004 年)

尔摩斯探案集》；从《艾凡赫》到《金银岛》；从《迷》到《哈利·波特》，可以说名著传天下。当然，这座城市还有一个网红打卡地：Elephant House 咖啡馆。这是著名作家罗琳（J.K.Rowling）创造出《哈利·波特》的地方。

　　魁北克城是加拿大魁北克省的首府，坐落在圣劳伦斯河与圣查尔斯河交汇处，也是北美地区唯一留有古城墙的城市。这座号称拥有 100 多个行会、出版商和书商的城市是北美法语文学的核心。阿尔伯特·加缪（Albert Camus）、查尔斯·狄更斯（Charles Dickens）、惠普·洛夫克拉夫特（H.P. Lovecraft）这些著名作家都曾漫步于这座城市。

　　为中国作家们所熟悉的还有爱荷华城。爱荷华城在

2008 年 11 月 19 日被联合国教科文组织评选为"文学之都"，这是一个人口不到 6 万的极其典型的美国中西部小镇。爱荷华大学（University of Iowa）的爱荷华作家讲习班（Iowa Writers' Workshop）于 1936 年创立了美国第一个创意写作学位，爱荷华作家讲习班接待了许多美国最优秀的当代作家，包括弗兰纳里·奥康纳（Flannery O'connor）、约翰·欧文（John Irving）、雷蒙德·卡佛（Raymond Carver）等。华人作家严歌苓、白先勇也都曾在爱荷华大学学习写作。游客可以参观这里的作家工作坊、参与学生阅读活动，以及阅览图书馆的书籍。

其他如冰岛首都雷克雅未克市，2011 年加入"创意城市网络"，是第一个非英语母语国家的"文学之都"。而挪威著名的文化和体育中心利勒哈默尔，于 2017 年加入"创意城市网络"成为"文学之都"。该市人口不到 3 万，却有着深厚的文学积淀，并与 3 位诺奖级作家密切相关，如挪威著名戏剧家易卜生。

综合分析这些"世界文学之都"，可以发现：他们的城市规模不一定是国际大都市，也不一定是国家首都所在地；文学体量并不是很大，甚至文学文脉也并非古老悠久，但却各具地方特色。这或许正是联合国教科文组织设立该项目的初衷和本意。考量的是文学对于城市的意义，文学积淀对生活于此的人们产生潜移默化的作用。一个城市能够获评，当地居民、政府都觉得是个巨大荣耀。

当然，因为中国第一个申报成功的城市是南京，一个千万级人口的大城市，六朝古都、天下文枢、千年文脉，与其他一些城市比起来，体量显然相当庞大。

但不管叫什么称号，南京确实有底气向世界展示千年的文脉。

南京是中国文学走向独立和自觉的起步之城。中国历史上第一个"文学馆"即设立于此；南京还是中国近代教育的起点，中国第一部诗歌理论和批评专著《诗品》、第一部文学理论和批评专著《文心雕龙》、第一部儿童启蒙读物《千字文》、现存最早的诗文总集《昭明文选》等均诞生在南京。

全世界有众多外国文学作品在南京翻译成中文；全中国有一万多部文学作品与南京相关。《红楼梦》《本草纲目》《永乐大典》《儒林外史》《封神演义》《世说新语》等中华传世之作都与南京密不可分。

近现代以来，鲁迅、巴金、朱自清、俞平伯、张恨水、张爱玲等文坛巨匠也都与南京有着千丝万缕的联系，美国作家赛珍珠获得诺贝尔文学奖的代表作《大地》就是在南京创作完成的。

一幅山水画，一卷古都史，一方文盛地，一座现代城。南京获评世界文学之都，这是中国重要城市走向世界、中国文学走向世界的一个成功案例。

文脉连着国运，文学承载人心。从"天下文枢"到"世界文学之都"的千年跨越，南京完成了一次惊世之作。

如今，南京获评世界文学之都已经过去了三年。时光易

逝，文学永恒。我们回望过往，眺望未来，实在有必要将一将这件盛事的前前后后，实在有必要翻一翻文都南京的前世今生。

在这本书里，我们将分享不为人知的申报故事，聆听历史文化回声，体味文学之美，感受文都雄浑。这是一座山水之城，文学绵延之城，更是一座诗意之城，心灵栖息之城。

我们将从古游到今，望望魏晋南北朝的古丘，拍拍唐宋的栏杆，走走青梅竹马的长干桥，听听元明清戏剧小说里的传奇故事，体会一下"一部南京城、半部民国史"的沧桑和深沉。

从天下文枢到世界文都，我们要讲一个城市和文学的独特关系，讲南京和南京的文学故事，还有那些爱着文学的人，无论他们是不是南京人。

这里有你逛过或没逛过的书店，有你认识或不认识的作家，有你参加过或没参加过的读书会，有你访过或没访过的文学打卡地。

最重要的是，这座城，过去、现在和将来，走过一批批生命执着、灵魂有趣的人，留下了一首首一篇篇一卷卷光耀千古的文。我们将在本书中与他们相遇，撞见他们的魂。我们将伴随着他们走向世界，用人类共通的情感与世界文学交融。

试看——

苍烟拥乔木，粉雉倚寒空。行人日暮回首，指点旧离宫。好在龙蟠虎踞，试问石城钟阜，形势为谁雄。慷慨一尊酒，南北几衰翁。

赋朝云，歌夜月，醉春风。新亭何苦流涕，兴废古今同。朱雀桥边野草，白鹭洲边江水，遗恨几时终。唤起六朝梦，山色有无中。

——［元］白朴《水调歌头·初至金陵，诸公会饮，因用北州集咸阳怀古韵》

第一章

申报，偏偏是南京？

中国古都那么多，为什么偏偏是南京成了文都第一城？

南京文学于中国之地位，并非浪得虚名。

胡小石先生（1888—1962）应中奥文化协会邀请，在金陵大学作了题为《南京在中国文学史上的地位》的报告，他向西方世界首次阐明了南京独一无二的文学地位：

合而观之，则南京在文学史上可谓诗国。尤以在六朝建都之数百年中，国势虽属偏安，而其人士之文学思想，多倾向自由方面，能打破传统之桎梏，而又富于创造能力，足称黄金时代，其影响后世至巨。

从对中国文学文化之作用来看，南京乃为中国文脉续香火而生的。

作为中国首个申报世界文学之都的城市，南京有历史风云聚会，千年文脉打底，有浩如烟海名著辉映，有济济一堂作家堆积，有手不释卷万千读者支撑，更重要的是，世界文学需要南京。南京，应运而生，从天下文枢连接上了世界文都。

秣陵一棵树，千年雨纵横

南京又名金陵，这个衔金而生的好名字来自楚越争霸。

大家都知道越王勾践卧薪尝胆，攻灭了吴国，吴国领土尽归越国，越国在南京建立越城，在今天的中华门外长干桥西南一带，而当时的南京地区则成了越国与西方楚国、北方齐国对峙的前线。

越国的强盛也只维持了一百四十年，到周显王三十六年（前333），楚威王攻灭越国，尽取其地，而南京之地属了楚，楚国"乃因山立号，置金陵邑也。楚之金陵，今石头城是也。或云地接华阳金坛之陵，故号金陵"。（《建康实录》）南京从此有了一个响亮的名字：金陵。

春秋与战国，群雄乱纷纷。始皇出，大一统，天下遂定。而金陵却迎来了一个哭笑不得的霉运。

《后汉书·郡国志》记载："其地本名金陵，秦始皇改。"秦始皇万里迢迢为何与这个石头城过不去呢？《建康实录》讲了一个有鼻子有眼的故事：秦始皇东巡时来到了南京地区，方士中有善于望气的进言，金陵这个地方有天子气。秦始皇于是命人凿穿钟阜山，切断金陵山脉，挖出一条河来泄气，这条河就是秦淮河。而金陵被改叫了秣陵。秣，喂马的草料，从金玉沦落到了草芥，这或许是南京遭到的一次名誉上的羞辱。

都说南京是六朝古都，事实上，南京的"祖上阔过"，还是要从三国开始算起。

何处望神州，满眼风光北固楼。

"碧眼儿"孙仲谋不是凡人，他能坐断东南，在三国时期是响当当的人物。他西与蜀汉争斗，北与曹操抗衡，历史的天空中，因此而多了几颗英雄的星星。公元211年，孙权迁移治所到南京，时为秣陵后改名为建业。公元229年，孙权称帝，建业城也在"功盖三分国"的历史大潮里露出峥嵘。著名作家叶兆言在《南京传》里写道："南京这棵小树苗，在211年开始成活，它开始扎根，它的根须开始向下向深处进发，逐渐根深柢固，终于长成一棵参天大树。"①

这棵小树在长成参天大树之前，还要历经如磐风雨。三国大戏斗智斗勇、斗到底，是非成败转头空。天下大势，分久必合。王濬楼船顺江而来，三国归晋，此时，距离孙权离世已经28年了，位于紫金山麓的孙权墓估计也早已柏树森森了。兴亡谁人定，悲喜古今同。东吴亡国，建业被重新打回了原形，还是改叫了秣陵。"黯淡了刀光剑影，远去了鼓角争鸣"，历史的大戏落幕了，尘归尘，土归土，唯一给后人留下的，是可供凭吊的古战场、江湖上曾经有过的传说。其中最有名的是刘禹锡那首写南京亡国的诗句："王濬楼船下益州，金陵王气黯然收。千寻铁锁沉江底，一片降幡出石头。人世几回伤往事，山形依旧枕寒流。今逢四海为家日，故垒萧萧芦荻秋。"后来文学中被反复呈现的失败颓废之南京形象不能说和这句诗没一点关系。一片降幡出石头，它就像一道咒怨，摁在了南京的脑门上，总是引得文人们发出兴亡之叹。

南京从东吴建制开始，两晋更替，延续到六朝及至南唐，都被当作偏安一隅的政权都城，国家分裂、南北对峙，江山易手、城破人亡就成了家常便饭。可叹南京切换进了兴亡循环键，屡遭精神和肉体的双重羞辱。

"霸气尽而江山空，皇风清而市朝改（王勃《江宁吴少府宅饯宴序》）"，兴亡更替，免不了凭吊与怅然。当然，寂寞也有寂寞的好处，那就是老百姓得到了一点安宁和祥和，起码大家还能一门心思过日子，奔"钱"程。唐代的大诗人们下扬州的空隙，也一定要来南京打个卡，写写怀古诗，而且一写就能传世，仅李白一人就留下了七十多首。《唐诗三百首》里有十多首写南京，连没到过南京的刘禹锡都能隔江眺望，写出《乌衣巷》来。

从文人角度来看，南京还特别适合温婉居家、求田问舍。如王安石的《钟山晚步》，透露着欣然自得："小雨轻风落楝花，细红如雪点平沙。槿篱竹屋江村路，时见宜城卖酒家。"那时候要是有计步器，王安石一定会在朋友圈里每天打卡晒步数。王安石不仅自己满足南京的好山好水好日子，还劝苏轼也来南京养老。苏轼说王安石"劝我试求三亩宅，从公已觉十年迟"，我早就该来和你当邻居了！

可惜这样的好日子不能遂人愿，皇帝们宁可选"山外青山楼外楼"当首都，也不要"坐断东南战未休"的南京。南京又成了前线，成了千古凭吊处。那百年间，再次登上金陵的人满怀"伤心千古，秦淮一片明月""但悲不见九州同"的家国恨、英雄泪。

近现代以来的历史很多人已经非常熟悉了。历史选择了南京，南京也见证了历史的血与火、泪与痛、苦难与辉煌。这是怎样的一个南京城。上天的眼中，到底有多少的泪水，几乎全倒给了南京人！

世间无限丹青手，一片伤心画不成！——［唐］高蟾《金陵晚望》

两千五百多年来，这座城市从无到有，从小到大，盛衰交替、湮灭重生，真个是"江山重复争供眼，风雨纵横乱入楼"（陆游《南定楼遇急雨》），经历了太多的政权更替、代际兴亡，就像那逶迤的城墙，层层累积。

"南京作为一个城市的名称，得到了历史的眷顾，也得到了历史的尊重，历史名称折射文化影响力。南京是唯一没有位移的千年古都，相对北方古都有拥江发展的历史积淀。"南京大学历史系教授贺云翱这样评价南京。②

江南故事可知否？白云冥冥变苍狗。——［元］王冕

六代绮罗成旧梦，石头城上月如钩。——鲁迅

是非成败转头空，青山依旧在，几度夕阳红。

如今，俱往矣，唯有那满城的梧桐树，落叶铺径。唯有那六朝风，吹过明陵。唯有那乌衣巷口的夕阳，陪伴着南来北往凭吊的游人。

草长莺飞处，中国文学后花园

抛却历史沉重的一面，南京给人们呈现的又是另一个面相。

她天然丽质，风华绝代。

孙中山先生在《建国方略》里曾经这样评价："南京为中国古都，在北京之前。而其位置乃在一美善之地区。其地有高山，有深水，有平原。此三种天工钟毓一处，在世界之大都市诚难觅如此佳境也。"

意大利传教士利玛窦说："在中国人看来，论秀丽和雄伟，这座城市超过世上所有其他的城市；而且在这方面，确实或许很少有其他城市可以与它匹敌或胜过它。"（《中国札记》）

那些写南京的诗词文赋，恨不得写进她的骨肉里，写进她的肌肤里，写出她的高贵，写出她令人惊艳的美。

比如李璟写道：风里落花谁是主，思悠悠。青鸟不传云外信，丁香空结雨中愁。

比如李白咏叹金陵：地拥金陵势，城回江水流。当时百万户，夹道起朱楼。亡国生春草，王宫没古丘。空余后湖月，波上对瀛州。

比如吴敬梓《风雨渡扬子江》：几日秣陵住，扁舟东复东。浓云千树合，骤雨一江空。

写南京之美的作品汗牛充栋，不可胜数。从六朝文赋翻起，一直翻到现在，只有你想不到的诗人，没有你想不到的诗情画意。

可她又低调内涵，温婉可人。在历史的云烟退回大背景之后，呈现出来的是人间的烟火和淡定，是普通人家的儿女情怀。

朱雀桥边野草花，乌衣巷口夕阳斜。

旧时王谢堂前燕，飞入寻常百姓家。

——［唐］刘禹锡《乌衣巷》

君家何处住，妾住在横塘。

停船暂借问，或恐是同乡。

——［唐］崔颢《长干行》

哪怕是一草一木，都透着江南的况味。

暮春三月，江南草长，杂花生树，群莺乱飞。

"草长莺飞"，这个小学课本里就出现的四字成语，源头就出自上面的这句美文。大诗人白居易《钱塘湖春行》与上述的意境一脉相承。

草长莺飞二月天，拂堤杨柳醉春烟。

儿童散学归来早，忙趁东风放纸鸢。

清代高鼎的这首诗简直是直接从这 16 个字化来。当然，他加上了孩子，春天里的孩子。

我以为，"草长莺飞"句短短 16 字，是描写江南春色的最美好、最精炼的汉语，没有之一。每一个字都那么简单、浅显，提到的每一个物品都是日常所见、目之能及，可是信手连在一起，竟然就成了画，成了景，成了生机盎然的人间。如果非要找一句类似意境的句子来表现春日到来，生命的勃发和畅快，倒不妨比较一下《论语》的这句："莫春者，春服既成，冠者五六人，童子六七人，浴乎沂，风乎舞雩，咏而归。"这是孔子的学生抒发的人生理想，连孔子都叹服说：我也想如此啊！既有春天的生机勃勃，又有人类追求自由美好的洒脱不羁。文辞之美，至简至真。

写下"草长莺飞"这 16 字句的，是南朝梁代人丘迟，让人称奇的是，如此优美的文字，竟然出自一封劝降书，原文叫《与陈伯之书》。

梁武帝天监四年（505），武帝命临川王萧宏领兵北伐，陈伯之屯兵寿阳与梁军对抗，萧宏命记室丘迟以个人名义写信劝降陈伯之。《与陈伯之书》就是在这样的背景下写成的。全文向对方晓以大义，陈述利害，并动之以故国之恩、乡关之情,最后奉劝他只有归梁才是最好的出路。尤其奇绝的是,在全篇说理的氛围里,突然插入了一段奇妙的抒情描写,写的还是江南的小花小草、小树小鸟,真是摇曳心灵,万籁俱静,不闻刀兵,只有鸟鸣。这是怎样的文采风流、绝妙文字。难怪陈伯之收到这封劝降信后,不久就率八千之众投降。

烽火连天,无法阻挡思乡之情。断城颓垣,犹能再看到城春草木深。石头虽硬,小草依然能够曲折生长。战争和强权能够压得垮躯体,但永远难以压倒精神和文明。文明和文化所具有的穿透力、吸附力和向心力才更有持久的生命和不屈的精神。而南京,就是千百年来华夏文明薪火相传的避风港和承载地。

历史学家、经济学家朱偰先生在比较了长安、洛阳、金陵、燕京四大古都后,言"此四都之中,文学之昌盛,人物之俊彦,山川之灵秀,气象之宏伟,以及与民族患难相共,休戚相关之密切,尤以金陵为最"。③

南京具有优越的地理位置,凭长江天险堪为乱世的避风港。

南京拥有着6000多年文明史、近2500年建城史和近500年的建都史,是中国四大古都之一,有"六朝古都""十朝都会"之称,是中华文明的重要发祥地,历史上曾数次庇佑华夏之正朔，长期是中国南方的政治文化中心，拥有厚重的文化底蕴和丰富的历史遗存。

2020 年夏天，时任南京大学图书馆馆长程章灿教授在接受本书作者访谈时，这样说：

"从文化存续的角度看，南京是为中国文化续香火而生的，是复兴基地。东晋衣冠南渡、南宋南渡，甚至元朝之后的文化南迁，甚至抗战时期的知识分子向西南大撤退，如果没有南京作为文化的蓄水池和承载地，中国历史文化发展走向是不可想象的。"

"如果说让我把南京最值得拿出去的东西介绍给外地人，我会推荐六朝的南京。那个时期产生了中国大量的经典文学作品、文化典籍。比如《文选》，比如《世说新语》。看一看《世说新语》里的人物，活得多充沛潇洒。"

程章灿说，在南京读六朝的文学，还有一个好处，就是可以一一对应着实物来读。读《文选》，可以到仙林来看看萧统的墓；读到"新亭对泣"，就可以跑到新亭那个遗迹处望一望，想想当年那群文人是怎么向隅而泣的。你到六朝博物馆里看看，书法、碑帖、用具、书籍，最集中最好的东西都在那里。

也正是因此，程章灿教授在散文集《旧时燕》中说："城市不仅是一种地理的概念，空间的概念，更是一个文化的概念，时间的概念。每一座城市都有自己的个性，自己的形象，自己的韵味。"④

在首届"地方志与长三角一体化论坛"上，南京大学历史学院教授胡阿祥先生发表主旨演讲时，曾经发出这么几个疑问：为什么分裂时期江南政治地位上升？隋唐以降，统一时期江南经济地位如何重要？如何认识江南在华夏文明"薪火相传"中的特别贡献与"避难所""回旋地"的特别地位？如何理解江南军事上被人征服、文化上征服别人的坚韧与光荣？如何彰显温山软水、富庶安逸的江南，即便军事上被人征服，也有着"扬州十日""江阴死义""嘉定三屠"那样的铁血精神？

他的回答是这样的：这样的"江南"，从"工具"意义上说是如何被"炼"出来的，从"民族"意义上说是如何被"压"出来的，从"文化"意义上说是如何被"养"出来的，从"经济"意义上说是如何被"献"出来的，都是"魅力江南"这台大戏剧情的关键。

这样的江南完全适用于南京，而且也只有南京，才够资格担当起华夏文明"薪火相传"中的"避难所""回旋地"的特别地位。

作家叶兆言感慨说："外地人跑来南京混，一不留神就传世，就经典，就入美术史，入烹调史，入文学史，入新闻史。一方水土养一方人，所谓一方水土，不就是文学之都吗？"

这方水土养出了灿若星河的作家诗人，贡献出了流芳百世的鸿篇巨制，天下文枢的辉煌至今让人赞叹不已。

"中国文学的后花园"，还不只是文化名人的堆叠，文化场所的兴建，又或是文学作品的量产。

南京文学之厉害，不在于文学史上来来往往的那一拨拨的人，还在于那风雅播撒之处，深深浸染了文学之气的菜佣酒保们、引水卖浆之流。这就是《儒林外史》里所说的：菜佣酒保都有六朝烟水气。他们构成了文学的受众基础、传播基础和繁盛基础。否则，背景板一片荒芜，仅仅只有文人墨客登台的文坛一定是荒草幽径、衣冠古丘。

"为什么是南京？是和南京古都建制等长的文脉传统？是当代作家创造的江南传奇？是大学、书店、文学教育、公共图书馆、民间读书会等普通百姓的日常文学生活？执一端，慢慢捋，都是一个城市的文学故事。"⑤

南京师范大学文学院何平教授认为，"历史和文化在传说中被创造"。胜棋楼的对弈，雨花台的法师讲经，落花如雨，落地成石……文人书写之外，传说和故事是更古老更民间的文学。也因为如此，大众可以参与一座城市的文学想象。

南京文学参与了最广泛的日常生活。即便是在今天，南京书店里卖得最多的书，依然是文学书。

学者们不约而同地注意到了南京人对作家、对文化人的热情追捧。比如大诗人李白，他为什么一次次地来南京，为南京写下了那么多的诗篇？那是因为金陵子弟太热情了，太爱大作家了。

"南京和唐诗有着千丝万缕的关系，翻开《唐诗三百首》，就会看到很多南京人熟悉的地名，秦淮河、石头城、凤凰台、台城、朱雀桥、乌衣巷等等。南京还有一条普通的里巷叫长干里，在《唐诗三百首》里面出现三次。全唐的诗一共305首选入，其中3首写长干里，这个比例实在太惊人。"⑥

南京大学文学院莫砺锋教授认为，南京一直受到诗人的喜爱，与这里深厚的文化底蕴不无关系，"南京被认为是李白活动最多的城市，'朝沽金陵酒，歌吹孙楚楼''但用东山谢安石，为君谈笑静胡沙''请君试问东流水，别意与之谁短长？'从这些诗歌的情感来看，李白是非常享受在金陵的日子的，而且对金陵子弟的招待非常满意"。

叶兆言老师在《南京传》中也生动描摹了李白在金陵所受到的厚待和追捧。"最过分的一位就是大诗人李白，没人知道他究竟来过多少次南京，恐怕他自己也稀里糊涂。有人统计过，李白与南京有关的诗歌，多达七十多篇。他几乎成了南京的形象代言人，千百年来，一直在为南京做免费广告。"

叶老师还调侃说："李白在南京显然玩得很嗨，他甚至还写文章，自称是南京人，这绝对是喝高了的胡说八道。"

李白的原话是："白本家金陵，世为右姓。遭沮渠蒙逊难，奔流咸秦，因官寓家。"（《上安州裴长史书》）

一个城市，有几个文学大咖坐镇，有几个名人雅士埋着，也算不得什么了不得的事。在中国，这样的地方多了去。

但一个城市的文学气质高不高，气场大不大，最终还是要看这个城市里的人民，即所谓群众，亦即所谓"凡井水处，皆歌柳郎词"的井水处之人。贵族气是三代以上才能培养出来的，文学气质是几千年熏出来的。它代表了一座城市的市民对文学的参与程度，强调了一座城市所包含的丰厚文学底蕴对人心之滋养，对社会之濡染，对后世之垂范，对城市发展润物细无声的推动作用。

南京便是如此。面子上是柔媚，骨子里是硬气。魏晋风骨，坚韧而卓然，这也是她千年文脉绵绵不绝的密码。

所以，韦庄叹南京：南朝三十六英雄，角逐兴亡尽此中。有国有家皆是梦，为龙为虎亦成空。残花旧宅悲江令，落日

青山吊谢公。止竟霸图何物在,石麟无主卧秋风。(《上元县》)

文天祥过金陵驿,决心赴难,慷慨写下这样的诗句:满地芦花和我老,旧家燕子傍谁飞。从今别却江南路,化作啼鹃带血归。(《金陵绎》)

顾炎武感时伤怀:白下西风落叶侵,重来此地一登临。清笳皓月秋依垒,野烧寒星夜出林。万古河山应有主,频年戈甲苦相寻。从教一掬新亭泪,江水平添十丈深。(《白下》)

文学之都,就是文学的大花园,而南京,更是中国文学乃至文化的后花园。后花园平时并不轻易打开,闲暇时偶尔透过窗户眺望一眼,即使只是一两眼,荒芜的心也就有了些许的慰藉。可是,在烽火连天的时候,这个静静的后花园可就成了全体中国人的精神家园、文化寄托和文学的神龛。

世界文都 南京密码

南京作家群：聚是一江水 散成露水珠

古典文学辉煌，诗文大家会聚。文学之河流绵延进入当代，南京依然作家辈出，群星璀璨，甚至形成了作家群现象。

在南京当个作家，是很幸福的事。这里文脉深厚，名家辈出，和外地人说我从南京来，人家会抬起眉毛说："啊，南京的啊！那谁谁谁——是的，那谁谁谁也是南京的作家。"走到哪里，都会碰到认识南京作家的人，都能报出南京作家的大名。

在南京当个作家，也是件很"悲催"的事。因为这地方作家成灾，出书就像出趟门，写文章就像拧水龙头，哗啦哗啦地流，毫不吝啬水费。会写的太多了，写得好的一抓一把。既然写作不是什么神秘的勾当，那么，大家就都"夹着尾巴做人"吧。对于作家来说，还有什么比写更重要。

这或许造成了南京作家群的特点，不显山露水，也不喜欢夸夸其谈，聚是一江水，散成露水珠。墙里开花墙外香，草色遥看近却无。

作家成群并非江苏独有，更非南京独有现象。中国现代文学史上，就出现过"京派"作家和"海派"作家这样的群体，那时候江苏乃至南京的作家群体并不十分引人瞩目，除了叶圣陶、朱自清、张恨水这样的大家，甚至不如近邻浙江作家显眼，如鲁迅、茅盾、夏衍、郁达夫等等。不过，考虑到上述的这些作家基本上都离开了原籍，集中到了上海和北京两地，因此，作家地域问题并非那时候的突出文学现象。作家们的区分还是以文学观念、文学趣味来彰显的，比如"为人生"还是"为艺术"，比如大众还是通俗等等。

文学进入新时期之后，特别是随着所谓寻根文学热，地域文学开始兴起，全国各地开始寻各种的根，有向原始森林里找的，有向神秘宗教上求的，有向黑土地里挖的，有向传统文化里淘的，比如《三寸金莲》《那五》的京味把玩，比如《爸爸爸》的村落巫术氛围，比如《棋王》的儒道阐释，等等，尽管打着地域的旗号，但是实际上只不过是披着地域的外壳，做着逐新猎奇的事儿。地域作家并没有成群出现，几年之后，寻根文学的主将们也都转身而去了，比如韩少功转向了先锋实验，推出《马桥词典》；王安忆进入了上海都市，写作《长恨歌》。如评论者所说，大多数作家对地域文化概念的理解是以偏概全的，他们往往抓住某种民俗、习惯便刻意进行渲染，而忽略了对民族性的真正解剖。尤其是一些作家对现代文明的排斥近乎偏执，一味迷恋于挖掘那种凝滞的非常态的传统人生，缺乏对当代生活的指导意义，而导致作品与当代现实的疏离，这造成了几年后寻根文学地域风情的衰微。

在当代文坛风起云涌的时候，南京的作家们不经意间一茬茬地冒了出来。从学者一辈的陈白尘，到"探求者"中的高晓声、陆文夫、方之、叶至诚，再到艾煊、顾尔镡、章品镇、忆明珠、张弦、海笑、沙白、冯亦同等等老一辈作家，直到如今文坛的中坚力量赵本夫、周梅森、朱苏进、毕飞宇、苏童、范小青、叶兆言、黄蓓佳、储福金、韩东、丁捷、胡弦、鲁敏、江奇涛、周桐淦、梁晴、朱辉、余一鸣、鲁羊、祁智、育邦、黄梵、赵刚、顾前、曹寇、李黎、孙频、李樯等等，随着青年一代的成长，名单还会很长很长。而且，网络作家由于人数繁多芜杂，尚没有计算进这份南京的文学点将谱里。

南京为什么会出现这么多当代作家？

南京"土著"作家叶兆言在回答记者提问的时候，给出了自己的看法。一个是江苏人口多，人口基数大；还有一个就是外流也少，比如说河南作家也不少啊，阎连科、刘震云、李洱、刘庆邦，可是都跑北京去了。江苏好像这种事相对会少一点。他们中的更多人，还是愿意留在江苏，具体地说，留在了省会南京。

"说南京作家多，其实真正南京籍的作家很少，可能就是我、韩东，我们是南京人，我们说一口南京话。其他的像苏童，其实是苏州人，在南京已经待了 30 年吧，范小青也是苏州人，在南京待了 10 多年，徐州人周梅森在南京也待了 40 多年。其他像毕飞宇、鲁羊、朱文等等，也不是南京人。所以如果讲地域性作家的话，那首先要看你的少年时代和童年时代在什么地方，而不是现在生活在什么地方。"

"一方水土养一方人，是南京的空气净化了他们，是南京的风水为他们带来了好运气，话反过来说，南京也应该很好地感谢他们，没有他们，人们所说的南京文学欣欣向荣也不存在，外地的组稿编辑也不会如此频繁地到南京来狩猎。"

在一篇《闲话南京作家》文章中，叶兆言还热情赞扬了南京作家之间的良好氛围：

南京这地方没什么隐士，作家之间也没有什么明显的派别，谁都是熟人，谁有忙都可以帮。见面时大家客客气气，分手后立刻互相忘记。南京的作家彼此间并不做出过分的亲昵状。君子之交淡如水，作家们大可不必称兄道弟，那些喜欢说哥们的省份，作家往往最喜欢吵架。⑦

南京出生，在南京生活了 45 年的韩东把南京作家群的氛围概括为一个"淡"字。

韩东说，南京作家群是一个"客观"存在，就是写作的人多，"写出来"为大家所知的比例也大，但可能并没有一种内在的逻辑关系。

"至于说到南京作家的整体特点，还真不好说，可能正是一个淡字，君子之交淡如水嘛。南京作家彼此之间也是相互帮助的，至少对我的帮助很大。"

作家余一鸣对南京一茬茬作家冒出来抱有乐观态度，但不太同意文坛上所谓的年代划分法："以七○八○划分作家群，这种划法值得商榷。短期的断层是正常的，高大的事物必定会有阴影，但新的力量必将崛起。培养作家不是植树，不能以年轮计算。天时地利，个人天赋，能使作家中出现神童，也使有的作家注定大器晚成。"

年轻一代的作家对南京作家群又有什么看法呢?《雨花》杂志社副主编、诗人育邦说，南京作家最大的特点就是：他们都是一个个鲜活的个体，体现了作家独立性，他们各自为政，散淡自由，每个人的作品都有自己清晰的面目，各自构建了自己的文学王国。

青年作家庞羽说："90后作家、南京作家群什么的说法，只是一种指代名称，比如粉色与黑色、高个与矮个，这对一个人的本质没有影响，所以写作还是个人的事。我和南京同

（从左至右）

第一行作家：毕飞宇　苏　童　叶兆言　周梅森
第二行作家：赵本夫　丁　捷　朱　辉　韩　东
第三行作家：胡　弦　黄蓓佳　范小青　鲁　敏

行们有活动时会互相交流。南京的作家们都挺随和的，可能和这座包容的城市有关。"

"从时空转换的角度看，南京兼容并包的城市性格同时形成新旧杂糅的都市文化气质。这里的'新'与'旧'既指先进与保守的区别，也指坚持创新与坚守传统的区别。"⑧

南京大学文学院张光芒教授在《南京百年文学史》中指出，来自各地的作家群体汇聚南京，受到南京传统文化的熏染，产生内在的心理认同，努力在坚守传统士人风范与开拓现代视野之间寻找适当的平衡点，构成中和的文学面貌。这也是与南京新旧杂糅、多元融通的文化气质相一致的。

作家成群的南京，汇聚一江水，散开水灵灵。作家们尽管面目各异、趣味不同，但是，每一个个体都是鲜活而淡然的存在，他们写下的每一个字都是对天下文枢的香火接续，他们每一个人的努力都是在向这座文学之城致敬。

"南京大萝卜"，世界文学上新"菜"

大江流日夜。

多少风流，总被雨打风吹去。再好的诗文，也经过了时光的雕琢，散落进寻常巷陌、百姓人家。

看过了古城南京的风云际会，穿越了她千年的辉煌诗文，也认识了一批批生活在南京的作家们，让我们摸一摸南京文学当下的脉搏，也就明了她申报世界文学之都的情怀了。

伴着桨声灯影，听着江涛声声，南京进入了新千年。此时的南京，已经是一座有着千万人口的现代大都市。然而，在长三角地区，要论国际性大都市，那只有上海当得起。南京，掩盖在了上海的风头之后。南京虽然做过十朝古都，那都是以前的老皇历了。

在中国，有好几个城市都曾经做过古都，比如北京，被戏称为"帝都"；比如西安，被戏称为"废都"；比如洛阳，被叫作"神都"，大概沾了武则天的光；杭州因了电商的发达，渐有网红加"网都"的趋势；重庆好歹在抗战时期做过陪都，不过知名的还是重庆的雾，凭云雾山全年204天的雾日成为全球第一，又得名"雾都"。

祖上曾经阔过的南京，现在还只能看着东边的上海新贵和西边的杭州阔商邻居，投以礼貌性的微笑。当然，私底下，谁也不甘心寂寂无名。

南京有没有文化，反正本地人认为有，"天下文枢"的头衔还真不可小视。国际性呢，似乎就欠缺了点。在本地人的自嘲中，南京就是个"大萝卜"，朴实而耿直，不急也不慢，乡土气息还是很浓厚的。怎么办？那就奋起直追，再创辉煌。

十余年来，通过青奥会、名城会、世界知名城市"南京周"等一个个重大项目，南京一直朝着世界性大都市目标不懈努力。当然，社会经济上，有些事是可以努力努力实现的，但是，文化艺术上，需要一个日积月累的慢功夫。

南京资源丰厚，在美食、文学、音乐上都有优势，在申报项目的选择上有些犹豫不决。要不，报个美食之都？南京人自信，在吃的方面，南京还是值得向世界夸耀一番的；而报文学项目，就是历史性的突破。是求稳，还是突破？这是个需要抉择的问题。

"文学是一个国家和民族的秘史，是跨越不同文化，起到沟通人心的桥梁，在对外文化交流与传播方面能够产生重大影响。所以，文学既是容易走出去的，也是很难走出去的。容易是因为文学反映人类的普遍性情感能够引起全人类共鸣，不容易是因为文学的思想性。"

浙江大学文科资深教授许钧先生长期从事西方文学研究与翻译，熟稔国际文化交流。他介绍说，世界文学之都的申报难度相当大，一是申报报告填写难度大，南京资源优势与考量指标不匹配，比如各项指标，多达数十个项目，细化到了一个城市的书店数量多少、参与国际组织的水平如何，等等；二是难在程序复杂烦琐，达到了标准还不行，还要世界上已经跻身世界文学之都的成员城市赞成，当时 28 个成员城市中有 21 个是欧美城市，对中国文学缺乏充分和深入的了解，尤其是对中国现当代文学的特质与魅力缺乏理解；三是教科文组织总干事有一票否决权，这个代表教科文组织总部的态度。

"由于各种非文学因素，某些成员城市对当代中国具有倾向性的排斥与抵制。这不是你的文学好不好的问题，而是他们就是不想和你一起'玩'的问题。"

而在南京成功申报之前，联合国教科文组织"创意城市网络·文学之都"在全世界有 28 个成员城市。

从现有城市网络里看，中国没有一个文都，连个指点门路的都没有。而西方国家的城市申报，基本上就是朋友圈开会的氛围。

中国，五千年灿烂文明，一个泱泱文化大国，有那么多文化城市、那么多文化古都，竟然在世界上没有一个文学之都！这实在说不过去。

然而，国内的城市很少选择"文学之都"这一项目进行申报。即使有个别城市有这个想法，可是一想到国内外的诸多困难，也悄悄打了退堂鼓。

甚至中国联合国教科文组织全国委员会的领导们也多次与南京深入沟通，指出申报成功的难度很大，曾建议南京选择一个其他类型的称号去申报，以增加成功概率。但是南京认真考虑后，决定不报别的选项，坚持申报世界文学之都，因为和南京这座城市的气质和资源优势最匹配的称号就是世界文学之都。

没有文学之都的创意城市网络对于堂堂中国来说，是不完整的，也是有所遗憾的。我们需要有代表性城市的出现。

时机来了！

2013 年，十八届三中全会对提高文化开放水平、推动中华文化走向世界做出了重要部署，对"讲好中国故事，传播好中国声音"提出了要求。

2014 年 3 月 27 日，中国国家主席习近平对联合国教科文组织进行了历史性的访问，这是中国最高领导人首次到访联合国专门机构。

习近平主席在联合国教科文组织总部发表演讲时说，"文明因交流而多彩，文明因互鉴而丰富。文明交流互鉴，是推动人类文明进步和世界和平发展的重要动力"。

"一花独放不是春，百花齐放春满园。"如果世界上只有一种花朵，就算这种花朵再美，那也是单调的。不论是中华文明，还是世界上存在的其他文明，都是人类文明创造的成果。

我参观过法国卢浮宫，也参观过中国故宫博物院，它们珍藏着千万件艺术珍品，吸引人们眼球的正是其展现的多样文明成果。文明交流互鉴不应该以独尊某一种文明或者贬损某一种文明为前提。中国人在二千多年前就认识到了"物之不齐，物之情也"的道理。推动文明交流互鉴，可以丰富人类文明的色彩，让各国人民享受更富内涵的精神生活、开创更有选择的未来。

（中国政府网 2014 年 03 月 28 日首页）

习近平主席最后指出："中国人民在实现中国梦的进程中，将按照时代的新进步，推动中华文明创造性转化和创新性发展，激活其生命力，把跨越时空、超越国度、富有永恒魅力、具有当代价值的文化精神弘扬起来，让收藏在博物馆里的文物、陈列在广阔大地上的遗产、书写在古籍里的文字都活起来，让中华文明同世界各国人民创造的丰富多彩的文明一道，为人类提供正确的精神指引和强大的精神动力。"

也是在这次访问中，中国提出将积极支持"创意城市网络"的发展，鼓励更多城市加入。

2014 年 9 月，为落实访问成果，时任国务院副总理刘延东再次访问教科文组织，明确提出"创意城市网络"是非常有意义的项目，中国愿意积极参加。

2015 年 1 月，中国联合国教科文组织全国委员会秘书长杜越在京主持召开了"创意城市网络协调会"，重点指出全委会希望优先支持中国的城市申请加入文学、电影、音乐等尚未有中国代表的领域并在其中发挥重要作用。

至此，文学之都的申报迎来了契机。

2016 年 10 月，南京有关部门成立了调研组，就拟申报联合国教科文组织"创意城市网络"开展了前期调研。

调研组密集调研了江苏省作家协会、凤凰集团、南京大学、南京师范大学、南京市文广新局等核心文化单位，邀请北京、上海、重庆等地诸多专家出谋划策。

从 2016 年底至 2017 年 3 月，先后有 6 所知名高校专家学者、10 余家专业协会、20 余家民间社团组织参加了座谈会。

大家系统梳理南京历史文化资源和发展优势，在"创意城市网络"七个项目中进行了反复研究和比选，对南京的文学资源和申请理由进行了梳理和论证，最终，意见集中到了文学之都这个项目上来。

各方专家不约而同地指出，地处黄河文明与长江文明交汇处的南京，是中华文明的重要发祥地，有2500年建城史、近500年的建都史以及长达1800年的文学传统。作为中国文学的枢纽和重镇，南京诞生了一个又一个文学创作的"国家标准"，对中国文学的传承和走向产生了重大影响，南京由此成为中国独一无二的"文学高原"。

对照历史，结合当下，大家认为南京申报"文学之都"有如下理由和优势。

一是落实中央繁荣文艺要求。

南京申请"文学之都"将有望填补中国"文学之都"城市空白，是城市中观层面实现"中华文化走出去"的创新捷径。

"申都"本身就是在世界文化多样性舞台上展示中华文化，可以更好地从精神层面（而不仅是器物层面）在世界舞台上展现中华文化精髓，从而更好地实现"中华文化走出去"并且"走进去"。对于落实《中共中央关于繁荣发展社

　　　　　　　　世界文都 南京密码

会主义文艺的意见》和习近平在全国文艺工作座谈会上讲话精神，推动文艺大繁荣大发展具有重要开创性意义。

二是符合南京城市战略目标。

南京申请"文学之都"，有利于提升南京城市国际化水平，进一步传播南京声音，谱写推动中华文化走出去的"南京篇章"。

三是发挥南京资源禀赋优势。

文学，是南京的文化精华，是城市的宝贵财富。至今屹立在夫子庙的"天下文枢"牌坊，就是南京文学在中国文学史地位的最好诠释。文学，是文化事业发展的重要内容，是文化产业发展的 IP 源头。当代南京涌现了毕飞宇、叶兆言、苏童、周梅森等一大批文学名家；南京市民综合阅读率达93.1% 以上，位居全国前列；南京先锋书店三次入选"世界十大最美书店"。南京申请"文学之都"，有利于进一步挖掘南京历史文化资源优势，打造南京文化品牌，提升城市发展能级。

这一系列的大调研活动，不仅调动了申报文学之都的社会氛围和文化热情，也首次深入挖掘和梳理了南京的千年文脉，初步完成了对南京文化资源的纵深普查，由此积累形成了一个南京文学数据库，为后来的申报奠定了文史基础。

"南京大萝卜"，朴素、内敛，但心灵美。南京自信有底气,南京的文学一定是世界文学大花园里独特而美丽的存在。

　　由此，站在天下文枢的牌楼下，南京人眺望起了世界文都。

第二章

请来『最强』代言人

在南京乃至中国文学走出去的过程中，有四个人功不可没。

这四位分别是：法国著名作家、诺贝尔文学奖得主勒·克莱齐奥，中国著名作家、诺贝尔文学奖得主莫言，著名作家毕飞宇和著名翻译家许钧。

他们也是南京申报世界文学之都的申创顾问。

让—马里·古斯塔夫·勒·克莱齐奥（Jean-Marie Gustave Le Clézio），1940年出生于法国尼斯，2008年诺贝尔文学奖获得者。1994年，在法国《读书》杂志做的一次读者调查中，勒·克莱齐奥被评选为"在世的最伟大的法语作家之一"。作为20世纪后半期法国新寓言派代表作家之一，他与莫迪亚诺、佩雷克并称为"法兰西三星"。

莫言，1955年出生于山东高密，是第一个获得诺贝尔文学奖的中国籍作家。2012年，瑞典学院称莫言"通过幻觉现实主义将民间故事、历史与当代社会融合在一起"，授予他诺贝尔文学奖。

毕飞宇，1964年出生于江苏兴化。中国作家协会副主席、江苏省作家协会主席、南京大学文学院教授。他是各类文学奖的获奖专业户。《哺乳期的女人》获第一届鲁迅文学奖优秀短篇小说奖。长篇小说《平原》法文版获法国《世界报》

文学奖。长篇小说《玉米》获英仕曼亚洲文学奖。长篇小说《推拿》获第八届茅盾文学奖。出版首部非虚构作品《苏北少年"堂吉诃德"》。2015 年 1 月，推出《毕飞宇文集》九卷本；出版文学评论集《小说课》，成为畅销书；8 月，被授予法兰西文学艺术骑士勋章。

许钧，1954 年出生，浙江龙游人，著名翻译家，现任浙江大学文科资深教授，浙江大学外国语言文化与国际交流学院教授、博士生导师。1991—2016 年，他任教于南京大学外国语学院。多年来，许钧教授翻译了多达 40 多本书，如译著《追忆似水年华》（卷四）等，产生广泛的影响。他翻译的米兰·昆德拉的《不能承受的生命之轻》每年有近十万册的发行量。数十年持续翻译勒·克莱齐奥的《诉讼笔录》等作品，为中国读者认识这位诺奖作家做出了不懈努力。1999 年获法国政府颁发的"法兰西金质教育勋章"。

这样豪华的代言阵容，国内任何一个城市都没有出现过。而南京，因其魅力，独得青睐。

莫言、勒·克莱齐奥：两个诺奖得主当顾问

莫言担当申报文学之都的顾问，是毕飞宇和许钧联袂请过来的。

莫言的文学之乡在高密东北乡，那里，是给他灵感、盛产故事的地方。

2019 年 12 月，在新华报业传媒集团举办的"大地的模样——莫言作品朗诵会"跨年诗会上，我和《新华日报》的小伙伴们一起朗诵了莫言领取诺贝尔文学奖时的演讲《讲故事的人》片段：

> 我做梦也想不到有朝一日这些东西会成为我的写作素材，我当时只是一个迷恋故事的孩子，醉心地聆听着人们的讲述。那时我是一个绝对的有神论者，我相信万物都有灵性，我见到一棵大树会肃然起敬。我看到一只鸟会感到它随时会变化成人，我遇到一个陌生人，也会怀疑他是一个动物变化而成。每当夜晚我从生产队的记工房回家时，无边的恐惧便

包围了我，为了壮胆，我一边奔跑一边大声歌唱。那时我正处在变声期，嗓音嘶哑，声调难听，我的歌唱，是对我的乡亲们的一种折磨。

我在故乡生活了二十一年，其间离家最远的是乘火车去了一次青岛，还差点儿迷失在木材厂的巨大木材之间，以至于我母亲问我去青岛看到了什么风景时，我沮丧地告诉她：什么都没看到，只看到了一堆堆的木头。但也就是这次青岛之行，使我产生了想离开故乡到外边去看世界的强烈愿望。

那天我嗓子受凉，朗诵的时候，尽管普通话里带着点儿山东味，但实不知是否读出了高密东北乡风味，也无法看清坐在台下的莫言先生听了后有何表情。主持人孟非问我对这篇文章的感想，我说莫言老师是一个背负着家乡的故事、讲到世界上去的人。

这个山东老乡热情地为江苏南京代言了。

莫言老师作为一个"庞然大物"，早已为天下人所熟知。他写的作品那么多，研究他的文章汗牛充栋，只要他出来为南京站台，即使什么话也不说，一切尽在不言中了。

千言万语，不如莫言。

我们不妨直奔勒·克莱齐奥先生，讲讲他俩的故事。

"一个集背叛、诗意冒险和感性迷狂于一身的作家，探索主流文明之外与之下的人性。"

这是 2008 年勒·克莱齐奥荣获诺贝尔文学奖时，瑞典文学院的颁奖词。

勒·克莱齐奥，1940 年出生于尼斯，童年在法国和非洲度过。勒·克莱齐奥的父亲在英国军队中担任医师，常年在非洲驻扎。从小接触异域和法国以外的文化，让勒·克莱齐奥能熟练运用多种语言。

勒·克莱齐奥在英国布里斯托尔大学学习英语，随后在尼斯的文学研究学院获得学士学位，在普罗旺斯地区艾克斯大学获得硕士学位，而他的博士论文则在佩皮尼昂大学写就。他先后在曼谷、墨西哥城、美国马萨诸塞州波士顿、得克萨斯州奥斯汀和新墨西哥州阿尔布凯克等地执教。

这种文化行走的经历让他的作品带有浓郁的异域风情。在他笔下，除了法国，还有非洲、美洲，有陆地、海洋，甚至还有不知名之处和莫须有之国。

1963 年以处女作《诉讼笔录》获法国的雷诺多奖。勒·克莱齐奥著有四十余部小说、随笔和散文，其代表作还有《沙漠》《寻金者》《流浪的星星》《金鱼》《乌拉尼亚》《看不见的大陆》《罗德里格岛游记》等。

"我在尼斯出生、长大，那是一座沉睡在地中海沿岸的小城，但是我很早就明白，我童年时的风景，充斥着软木塞包裹以及阿尔及利亚葡萄酒酒桶的旧港口不会一直存在下去。果然如此，这座外省的普罗旺斯小城如今已经成为退休者的法国之都，那些人在那里发扬了一种悠闲自在的自我满足，同时伴随着一种无可辩驳的仇外情绪。这也不是让我不怎么怀恋故城的唯一理由：其实，我却是作为一个外国人在那儿出生的，我的祖籍是在毛里求斯——但是我也并不很怀恋那座岛屿，因为我并不是在那里长大的。事实上，我不属于任何地方，这就让我自己在任何地方都感觉像是在自己家一样。"⑨不属于任何地方的勒·克莱齐奥，看上去是一个"不安分"的作家。他爱旅游，爱读书，作为一个行走世界各地的作家，勒·克莱齐奥被称为"全部大洲和所有文化"的孩子，而他本人对中国文化也深深迷恋，与许多中国作家、译者结下了深厚的友谊。

更让人感动的是，在南京申报世界文学之都的时候，他伸出了热情之手，每到关键时刻，总是用他优美而又深邃的文字献给南京城，助力南京文学。

"我一直保留了学习中国文化和中国文学的兴趣，对我来说，它代表了东方思想的摇篮。阅读中国的古典文学，鉴赏中国的京戏和国画，对我产生了很深远的影响。我尤其喜欢中国现代小说，比如鲁迅和巴金的小说，特别是小说家老舍写的小说。我发现老舍的小说中的深度、激情和幽默都是世界性的，超越国界的。"

勒·克莱齐奥对中国文学有着深厚的兴趣，他爱读书，爱读中国的书。他为老舍的《四世同堂》写过法文版的序言，称老舍为"师者"。在他居住的南京大学的寓所里，或外出的途中，还带着《论语》《道德经》《孟子》《墨子》的英译本。他对中国当代作家的书也大量阅读，而且非常尊重。他说，最喜欢的中国作家之一是毕飞宇。毕飞宇的书，他读过至少五六本。他与莫言也有密切的交往。有一次与莫言举行对谈，他还带上了厚厚的法文版《丰乳肥臀》，请莫言签名。莫言也谦恭地写上："尊敬的勒·克莱齐奥前辈，请指教。"

两位诺贝尔文学奖获得者，虽然年龄有差距，语言不相同，但在文学之光的永恒辉照下，他们有着共同的审美感悟。

勒·克莱齐奥与莫言举行过多次关于文学的对话。一次是 2014 年 8 月，在西安谈丝绸之路与东西方交流；一次是 2014 年 12 月，在山东大学对谈文学与人生；还有一次是 2016 年 5 月，在浙江大学，对谈文学与教育。

2015 年 10 月，勒·克莱齐奥还在北京师范大学发表题为《相遇"中国文学"》的演讲，主持人是莫言。虽然不是对谈，但也是一种现场的交流。2018年10月9日，诺奖公布前一天，莫言和勒·克莱齐奥来到北京鼓楼西剧场。这一次相聚，是为了参加浙江文艺出版社主办的"故事：历史、民间与未来"诺贝尔文学奖作家高峰论坛。

从这几次文学的对话中，我们可以一窥勒·克莱齐奥对于文学的独特理解和感悟，也可以看出中外作家不同的艺术感知。

比如对于从事文学的动机，勒·克莱齐奥说：

因为我当不了士兵、海员、工匠、科学家……我只会当一个作家。当一个世界不复存在的时候，文学可以帮助我们揭示不复存在的世界。

在写作这样的世界时，有的时候有回忆、有想象，甚至有一种绝望。写作是做梦，难道人做梦还为别人做？

写作对我而言是种需要。我写作的时候感觉自己是一种双重人的存在，一个就是纯写作的人，用他的笔墨或者计算机去书写，但写作的时候我又感觉自己是一个女人，去寻找某一种艳遇，就像一个老人怕自己死去，就像一个孩子在寻找自己的路。

莫言则说：文学有巨大的力量和深刻的意义，用文学的方式想象一下人生和世界，可以让我活得更加有激情。

关于文学的未来，莫言显然充满了理想和希望：

在物质化的当下，我仍然对文学保持着乐观，我认为还没有像大家前几年所描述的那样文学即将死亡，为什么？文学是语言的艺术，人类的语言不会消亡，文学永远存在，我们之所以能够反复地读一篇小说、读一首诗歌就在于语言本身的美，或者语言这种审美的余韵是别的东西不能代替的，文学是永远存在的。

对比莫言的乐观，勒·克莱齐奥尽管也认可文学的永恒力量，但对现代人的生活与精神危机还是充满了忧虑：

我去过北京的长城，那是一种很震撼的古迹，但是我说中国有另外一种古迹，无形的，但是有着强大的力量，就是文学。我说文学比长城更加不朽，就像大家公认的文字比石头更加不朽。

今天的文学和文化面临着越来越高程度专业化，从某种程度来说文化并没有真正做到大众文化。因为专业化，世界并不像我们幻想过的那样，让所有的人都能够接触到文化；就我的观察，现在还是有一种趋势，就是文化工作者眼中的文化和大众看到的东西不太一样，对大众来说真正的文化还是有点遥远。[10]

当然，他们也谈到了中国作家作品。

在谈到莫言的作品时，勒·克莱齐奥说他在莫言笔下的高密找到了一种隐秘的共感："莫言先生的作品里有一种对故乡非常强的眷恋。我和我的家乡的关系很偶然，我出生在尼斯，由于战争，我母亲当时躲避到了尼斯，所以我完全可能出生在别的地方。"

勒·克莱齐奥说，在莫言获诺奖后，他曾经去过莫言的家乡高密。"进入他的家的时候，我非常激动，眼泪一下就流出来。我一下子理解他的作品和他对家乡这种眷恋之情。这个房子并不大，里头非常简朴，我就想到他很早就在这里开始写作，他跟他的夫人和女儿生活在这里，一下子我就把这个地方跟他的作品强烈地联系起来。"

当讨论到作家笔下的历史时，勒·克莱齐奥表示："今天讨论的是故事和历史的关系，我觉得莫言通过他的故事达到了人性的普适性，有时候他从一些小老百姓的角度去讲述故事，能够让我们更好地感触到历史。"

对此，莫言表示感谢："谢谢勒·克莱齐奥先生这么认真地读我的作品，我作品里的滑稽和幽默是民间生活中本来就有的东西，并不是我的发明和创造。"

顺便补充一个细节，2014 年 12 月，许钧教授曾经陪同勒·克莱齐奥访问莫言的故乡高密，莫言说，他当时没有注意到勒·克莱齐奥是如何走进自家大门的，后来县里一位摄影师送的一张照片，才揭开了"真相"：他是弯腰低头进去的。这位摄影师知道勒·克莱齐奥很高，而门很矮，于是预先埋伏起来，等着他弯腰低头进门的瞬间，拼命按动快门。摄影师将照片命名为《法国人低下高贵的头颅》，莫言说这会影响中国作家和法国作家的友谊，他另起名《最是那一低头的温柔》……言罢，现场听众大笑起来。⑪

他们还看望了莫言92岁高龄的父亲，莫言的老父亲后来对莫言说：这个人很善良啊！一位长期生活在农村的老人，用"善良"二字来评价一个外国人，直观、朴素，却又一语中的。莫言说："勒·克莱齐奥先生朴实、谦逊，那么大学问，那么平易近人，我的朋友都很感动。"⑫

勒·克莱齐奥永远都是那么谦逊有礼、澄澈如水。他对南京的爱是发自内心的真诚。

毕飞宇：我的一切作品，都在南京写成

毕飞宇，是我"熟悉的陌生人"。

从二十世纪九十年代认识他以来，我读过他几乎所有的作品，小说、散文、访谈、小说课。可以说，熟悉他创作风格的流变。

可是我对他又感到陌生。一方面是年龄原因，他超前我一个年代，60后和70后之间，再怎么坦诚交流，还是会产生代沟。另一方面是他执着创作的"陌生感"让我猜想：下一部作品，这位沉着得有点"可怕"的作家又会如何的爆发呢？

作为当代中国最为著名的几个作家之一，毕飞宇显然获得了众多读者的喜爱。作为一位杰出作家，毕飞宇将时代洪流中的平凡人物提炼造型，塑造了玉米、筱燕秋等"乘风破浪的女性"形象，他写出了日常生活的深刻性、将之擢升为惊心动魄的史诗，他也将王家庄、里下河等苏北水乡风物永

久地定格在了当代中国文学史的版图上，使之成为令人魂牵梦萦的"文学故乡"。关于他的研究论文，蔚为大观，因此，在这里我不再过多地解读他的作品，喜欢的读者自然会喜欢。我只想讲一讲几个关于毕飞宇的小故事，讲一讲他在南京申报文学之都过程中毫无保留地出力的故事，让读者们在作品之外，重新认识一下一个有情有义的毕飞宇。

我在1999年的时候见到了毕飞宇。那时候，他住在南京上新河大街螺丝桥，南京特殊教育师范学院就位于这么一个偏僻的地方。那是他的工作单位。他后来写《推拿》，相信这地方也给了他不少灵感。二十几年过去了，我依然能清晰地记得飞驰在这条街道上的7路车，每一辆7路车上的司机都是南京最霸气侧漏的人，他们不是在开车，而是驾着公交车悬浮在街道上奔跑。从一个站点奔到下一个站点，7路车似乎就是直接扔过去的。

除了过于喧嚣的公交车，那条大街上总体上是幽静的，慢腾腾的，连同着梧桐树都是懒洋洋地伸展着。而从螺丝桥再往下步行一站路，就到了棉花堤，这里是一个码头，它的对面，就是南京的江心洲。5块钱，可以乘坐轮渡过去摘葡萄。

在这样的环境里，毕飞宇写下了《楚水》《是谁在深夜说话》《哺乳期的女人》。我怀疑《哺乳期的女人》里的那条码头就是棉花堤。

南京大学文学院王彬彬教授评论毕飞宇的小说，说他是"城墙下的夜游人"。其实，在那段青年时光里，毕飞宇住在遥远的长江边，进城要骑车一个多小时，实在没心思摸半块城砖。

如今，螺丝桥、棉花堤这些地名都成了旧事，而上新河那些低矮的房子，那些60年代人民公社风格的建筑早已经荡然无存，代之而起的是绿博园、扬子江大道，而江心洲早已经不是一片农田了，成了富人区的代名词。

还是说回到1999年，那是一段值得怀念的日子。弥漫着世纪末的情绪，也流淌着迎接新世纪的冲动。那年某天，因为偶然的事情我第一次见到毕飞宇。他因为小说《哺乳期的女人》获得鲁迅文学奖出了大名。印象中毫无做派，就是一个生机勃勃的俊朗青年。穿牛仔裤，寸头，个头高得恰到好处，身材好得正合年龄。他2岁多的儿子拿着粉笔在客厅的墙上到处画线条，画大刀。他不心疼墙，只是笑。我那时候读硕士，向他大谈博尔赫斯（阿根廷作家），毕飞宇只是笑，冷不丁地纠正了我一句，因为我把博尔赫斯误说成了赫尔博斯。后来我才明白，毕飞宇那时候已经开始转向了，他不再玩虚的了，他在告别先锋派，他要踏踏实实地写俗世的意义，活生生的人。这个人玩过了先锋，我对他谈先锋，情何以堪？后来有一次，别人问他怎么和我熟悉的，毕飞宇说：小伙子那时候很焦虑，跑到我们单位找老婆，我一眼就看出来了。这只能证明他早熟，我是莫言所谓的"晚熟的人"。

这之后的毕飞宇就像钱塘大潮一样汪洋恣睢了。只要他的作品出来，无不攻城略地，跑马圈地，挡都挡不住地好评如潮。

我在图书馆里读到了他的短篇《怀念妹妹小青》，看得几乎泪眼蒙眬，久久坐在窗前不想起身。我在火车上读到了他的《青衣》，感想是：我要是导演一定会把它拍成电视剧。后来徐帆果然演出了青衣的人生况味。写完了《青衣》，毕飞宇开始琢磨一个"18—20岁农村女孩的青春故事"，我曾经不以为然：这个没人看，很难写。可是大半年后，毕飞宇说他改主意了，写出了一个"很不错"的，这就是中篇小说《玉米》。接着他一鼓作气连写了《玉秀》《玉秧》，构成了三姐妹三部曲。《玉米》获得了亚洲文学奖。再后来，他又拿出了长篇小说《平原》，兴化人一下就会嗅到那浓郁的苏北平原的气息。

2008年冬天的一个夜晚，我去毕飞宇家里拜访。我们在书房里喝茶，毕飞宇拿出了据说"很好"的大红袍来。可惜我不懂茶道，一口一盅，感觉不如喝水畅快。

离开的时候已经快 12 点了，漫天雪花飞扬，南京城一片苍茫。

那天晚上谈了些什么早忘记了，只记得他不经意地拿出了一部书稿来，说刚写完一个长篇，速度从来没这么快，名字随便起的，叫《推拿》。我开了个玩笑说：推拿？听起来像写太极拳，要想畅销，不如改成《按摩》！

就是这部《推拿》，后来获得了第八届茅盾文学奖。这是江苏作家自茅奖设立 30 年来第一次获得这一殊荣。获奖并没有让我惊讶，我只是觉得，他的上一部长篇小说《平原》早就有这个资格了。这次获奖只不过证明，毕飞宇这个人除了短篇写得奇、中篇写得绝之外，长篇也是实力派。

当然，他后来还写了很多的作品，影响越来越大，名气也越来越大。但他珍惜羽毛，轻易不出手，不为了刷存在感，而去刷脸各大期刊的版面。即使不写小说，即使只是练练手的《小说课》，也能赢得好评如潮，一纸风行。他解读蒲松龄的名篇《促织》，原文只有 1700 个字，但他却写了 17000 多字，出神入化地解读了这篇堪比《红楼梦》一般伟大的小说，令人信服地证明它的格局有多大。他对莫泊桑名篇《项链》的中国式解读，是那么地吓人一跳，又是那么地让人忍俊不禁。他讲出了小说的内部逻辑、小说的文化语境,他是真的懂小说。这就是毕飞宇,一个稳扎稳打的毕飞宇,一个洞察文学本质的毕飞宇。

他自嘲说自己和余华是中国两个最懒的作家,因为他写的少,这么多年过去了,也不过才300多万字。和那些动辄一部几百万字的网络作家比,他的创作量显然不能夸耀。然而,他是一个真正纯粹的作家,从不挥霍自己的才华,也从不在写作上过于谦虚。他有方向感,知道要写什么,能写什么。毕飞宇本质上是个雄心勃勃的作家,是作家中的豹子,他蹑足潜伏,不动声色,腾空而起,一击即中,用独特的作品和精准的语言击中读者坚硬的内心!平时看他那么慵懒,那么休闲,其实他一定是在端着,静水在深流,眉宇间沉思,你不知道他在思考什么,琢磨什么。不多说话的人,内心一定惊涛骇浪,劈波斩浪。他小说能写得这么好,无外乎灵气,再加上端正的态度,对小说的热爱和认真。他写小说慢悠悠的,不急。即使别人炒翻了天,他摁住他的字。他的小说语言相当挑剔,绵密、跳跃,甚至带有赏玩的意味,到后来细腻圆熟,力度硬度柔软度,要什么有什么,绚烂之极,归于平淡。

毕飞宇的写作才刚刚开始。

一个人要是恭维一个作家，可以说"我是读着你的作品长大的"，这样说反而会把他说老了。我心目中，对他的印象还是停留在上新河那条世纪末风情的大街上，他穿着藏蓝色的牛仔裤，沿着林荫道快步走来。碰到了熟人，笑着扬扬眉毛。毕飞宇至今依然是个年轻的帅哥作家。据说冯小刚拍毕飞宇的中篇小说《青衣》的时候，就建议他亲自上阵算了，形象气质不比男一号差。生活中的毕飞宇似乎有些保守和单调：睡觉、写作、遛狗，喝咖啡，去健身房。健身房里的毕飞宇青春强健，活力四射，铁家伙砸得咣咣的，胸肌练得鼓鼓的。有一次鼓起来让我击打，挨了打还很得意。他对体育健身是真爱好，长年坚持不辍。他打乒乓球也是高手，足球也曾疯狂过。他的硬汉形象，颠覆了我们对作家的传统想象。对体育运动的擅长与爱好，必然会有利于他的文学写作，至少不会因为多写了几部作品而气喘吁吁。在这一方面，他是坚韧而有耐力的文坛健将。

说了这些，这个样子的毕飞宇到底与南京文学之都有什么关系呢？很重要！

南京文学之都申报，需要有这么个作家出力服务。他要有实力，要有魅力，要有国际影响力，还要有热情，有体力。毕飞宇，完美！

在法国，毕飞宇是作品被大量翻译的中国作家。他获得过法兰西骑士艺术勋章，法文版《平原》获法国《世界报》文学奖，《玉米》英文版获得英仕曼亚洲文学奖。他出去推销南京，用一句大白话就是，人家脸熟。

有创作实力，有国际影响力，更宝贵的是，毕飞宇充满了对南京的深厚感情，对南京申报文学之都热情支持。

但是当初，文学之都促进中心的袁爽去找毕飞宇，却是充满着忐忑的。

"我以前不认识毕飞宇老师，是大众书局的缪炳文先生介绍的，当时，大家在一个饭局上吃饭。毕飞宇很安静地坐在那里，几乎不说话。"

不太讲话的毕飞宇让袁爽感觉不太好接近。"第一次跟毕老师接触，我不知道他到底是怎样的一个大咖，只知道他是代表南京文学之都发言的重要人选。我们组织一次活动，想邀请他去参加，电话接通，对方的声音很有磁性，经过我一番紧张而又快速的表达，毕老师嗯了一声，没拒绝也没答应，让我活动前一天再给他电话。第二天上午，我按照约定给他打过去，他同意，我当时开心得想从二楼跳到一楼，可是嘉宾都在二楼吃饭呢。我还是回去陪着吧。"

后来的日子里，毕飞宇经常对袁爽说："你不要怕麻烦我。

你随时可以打我电话，我会尽全力支持你们。"

谁都知道，毕飞宇不大喜欢参加研讨会、座谈会，也很少出席一些热闹的场合，从骨子里讲，他是一个喜欢"静"的作家。但是在南京申报世界文学之都这件事情上，他没有"躲进小楼成一统"，而是听指挥、听安排，他说到做到，后来，只要促进中心的小伙伴们通知他、安排他参加活动，他都准时出现，远超期待地完成任务。

他动用了大量的私人关系，帮助中心的小伙伴们克服一个又一个困难，从拍宣传片、题写招牌这样的细节末事，到沟通协调省市领导大力支持南京，再到奔赴联合国教科文组织现场推介南京，他毫无保留地奉献了时间、精力和人脉。

他从不公开讲为申都做了哪些事，他说，你是一个南京作家，做什么都是你应该做的。你看促进中心的这些小孩子都在为南京的文学奔走，你能不感动吗？

联合国教科文组织官宣南京之前，袁爽已经从英文网站上看到了消息，她连夜把喜讯发给了毕飞宇。毕飞宇很快回复了几个字：睡不着了，越看越喜欢！

"南京入选了世界文学之都，忽然一大堆人打电话给我，说祝贺毕老师。这又不是我获世界大奖啊！"说起当时的情景，他面带微笑，透露出掩饰不住的一丝自得和十分的自豪。

在南京申报成功的当天，有记者问毕飞宇在这个过程中做了哪些贡献时，他谦虚地说："我微笑了几次，鼓了几次掌。"这句话完全可以看作是"小说家言"。

俏也不争春！此时，毕飞宇又回到了他的作家本色。

2020年12月30上午，毕飞宇当选为江苏省作家协会主席。

从这一刻开始，毕飞宇的身份发生了一个转换。从一个纯粹的写作者，转换为江苏文学的领路人、掌门人，对于江苏文学、南京文学的发展肩负着更多的重任。

毕飞宇说，作为新当选的主席，有一个意愿："不管是在作协内部还是跟其他的作家，首先体现出我的尊重，这个尊重既是对人的尊重，也是对一个行业、对这个事情的尊重。第二个我觉得特别重要的是公平，公平公正地对待所有的写作者，帮助他们，尽量创造宽松的写作环境。我觉得把尊重和公平这两者做好，剩下来的一定能获得团结和凝聚力。"

关于文学与写作，毕飞宇寄语作家们："我特别想说的是，静很重要。静不仅仅是一个身体的状况、精神的状况，它还是一个文化的状况、一个美学的状况、一个创造的状况。运动员的创造是在奔跑和运动当中完成的，作家的创造是需要灵魂安静到一定的地步之后，创造力才能够旺盛起来。"⑬

静水深流，终有一天，会奔涌而出，流成一条大河。毕飞宇，如同他的老乡施耐庵一样，从兴化的水乡撑着船一路行来，穿过辉煌大运河，承接起扬子江的千年文脉，最终汇入奔流不息的文学长河。

南京宣布申报世界文都

许钧：做沟通人心的国际文学交流桥梁

在讲述勒·克莱齐奥和莫言的交往中，读者会发现，在大师们的中间，始终连着一个桥梁，那就是许钧教授。

这位温文尔雅的学者，作为一位翻译家，实在是一位甘居于幕后，默默奉献的人。他给我们翻译了那么多的优秀外国文学作品，介绍了那么好的外国作家，值得我们向他致敬。

勒·克莱齐奥与中国有着不解的缘分，其中重要的翻译家是许钧教授。

早在 1983 年，勒·克莱齐奥《沙漠的女儿》中文版由湖南人民出版社出版，这也是他第一部被引进中国的作品，南京大学外国语学院教授许钧正是这本书的翻译者。

其实，在 1977 年，许钧在法国留学的时候，就接触过勒·克莱齐奥的作品。"当时读到他的成名作《诉讼笔录》，荒诞的气氛、深远的哲理寓意和新奇的写作手法，尤其是书中那个看似疯狂但却异常清醒的亚当，给我留下了抹不去的印象。"⑭

1980年，勒·克莱齐奥的《沙漠》问世，许钧翻译后推荐给了湖南人民出版社，中译本三年后推出，名为《沙漠的女儿》。在翻译过程中，勒·克莱齐奥不仅细致回答了译者提出的问题，还为中译本作序。

1992年，《诉讼笔录》中译本出版，译者许钧。一年后，勒·克莱齐奥和妻子来到了中国，提出要见一见他作品的中文译者许钧。在南京，他们因文学而相遇。这是作家和翻译者的第一次见面，却如同早已熟悉的老朋友。许钧至今仍记得，勒·克莱齐奥说过一句话，"当你翻译我的书，你是跟我一起创作，我赋予你一定的自由"。

2008年1月28日，勒·克莱齐奥再次来到中国，参加人民文学出版社和中国外国文学学会联袂举办的"21世纪年度最佳外国小说奖"评选活动，他的新作《乌拉尼亚》获奖。

天公不作美，2008年初春，一场暴雪瘫痪了全中国的交通。那一天，许钧在南京火车站等了6个小时火车，最终未能赶去北京参加颁奖仪式。

勒·克莱齐奥到场发表了感言。"在今天的北京，老舍在《骆驼祥子》和《四世同堂》中描述的北京人的生活已经失去了往日的魅力和乡土特色。北京已经成为国际大都会，它的影响在世界任何地方都能感觉到。"

据人文社一位编辑回忆，"他长得很清瘦，但很帅，很酷，穿了一身西服，脚下却穿了一双凉鞋！要知道，当时是1月28日，北京的天气还很冷呢！"⑮可惜那个时候，这位当代最著名的法国作家却没有引起中国媒体的兴趣，研讨会上没有一位普通读者和媒体。多年后，许钧还是认为媒体缺乏一种发现的眼光，理解的眼光。特别是对于勒·克莱齐奥那双招牌式的凉鞋，许钧对此还作了解释："那是一双他穿了三十多年的凉鞋，他没有丢，也舍不得丢，因为这双凉鞋与非洲大地有过亲密接触，在他人生彷徨时期，他穿着这双凉鞋在非洲大地上行走过，仿佛这双鞋给了他生命的力量，所以他一直保留着，在重要场合，往往都会穿上，哪怕是在冬天。"

在许钧眼中，勒·克莱齐奥其实是一个简单的人，是一个心灵纯真的人。他吃得简单，反感大型宴会，反对铺张浪费。他在南京大学讲学三个月，和朋友们聚餐两个月，最后才吃掉一千八百块钱。他吃米饭，菜不过两三样，有时候就配一杯白开水。出去旅行，除了必要的衣服电脑，就是一箱子书。很多人送他的书，哪怕是中国作家送的中文书，他都不会舍弃，而是背回去。他说那是朋友们的一份心，应该想办法去读一读。这么一个简单的人，精神世界很丰富。

2008 年 10 月 9 日，刚从韩国回到法国，在计划去加拿大之前，勒·克莱齐奥偶然停留巴黎，他意外地接到瑞典皇家学院的电话，告知他获奖了，他当时只是惊讶地回答："谢谢您。"

直到此刻，中国的媒体才猛地发现，这位诺贝尔文学奖获奖作家，就是那个冬天在北京街头穿凉鞋的人。

获奖后，勒·克莱齐奥写信给许钧，说为了躲避媒体的采访，他到了英国一个偏僻的小地方，静静地读书写作。2008 年 11 月份，许钧访问巴黎高等师范学校，提出希望能与他在巴黎见面。勒·克莱齐奥很快从毛里求斯赶回了巴黎，与老友酒吧畅谈。

2011 年，勒·克莱齐奥受邀参加了上海书展，并作了题为《都市中的作家》的演讲。他还出席了作品的朗诵会，与作家毕飞宇，翻译家许钧、袁筱一畅谈文学与写作。

8 月 21 日，勒·克莱齐奥来到了南京大学，接受了名誉教授称号，并作了题为《书与我们的世界》的演讲。那天，南京大学知行楼报告厅挤满了老师和学生，还有从北京、上海、武汉等地赶来的学者。他的演讲丰富动情，听众反应热烈。一年之后，他再次来到南大，参加 110 周年校庆。2012

年，他正式加盟南京大学，成了南京大学的教授、法语语言文学专业的导师。从此，勒·克莱齐奥与南京结下了深厚的缘分，南京，也成了他的又一个故乡。

自 2011 年以来，勒·克莱齐奥为南京大学本科生开设通识教育课，讲授文学、艺术和文化。在他讲学期间，许钧教授就写作的观念、写作与想象、记忆及旅行的关系等问题与其进行了持续而深入的探讨。我们可以参读许钧教授编著的《文学与我们的世界——勒·克莱齐奥在华文学演讲录》（译林出版社，2018 年）。

世界文都 南京密码

在另一篇对话中，许钧提出一个问题：您是否怀念童年？在这些童年叙事中，您是否想重新找回逝去的乐园或者一种自我的源头？

勒·克莱齐奥的回答似乎可以让我们比较深入地了解一位大作家的内心世界：

虽然已经过去太久太久了（七十年）！但是于我而言，似乎从未忘记过孩童时的那种孤独感。

至于旅行，我只能再一次重复我之前说过的话，那也是我的信念，并不是因为我的阅读或者际遇而想否认，而是一种深刻的、强烈的、很可能是消极的感觉：我没有旅行过，我也不会去旅行。或者，简单来说，这辈子，我只做了一次旅行，那便是我在《奥尼恰》(Onitsha)与《非洲人》(L'Africain)中提到的旅行，即1948年从法国去向尼日利亚的旅行，去见我的父亲。我很迟才书写了这段经历，这是因为这次旅行于我而言就像第二次出生，无论是身体还是精神。说身体的重生，丝毫不是夸张。

现在我住在中国，这让我充满创作的欲望，并不是想要描写一个像一整个大陆那么大的国家。而是，这使我用另一种方式去观看现实，以一种意料之外的方式去分享日常生活，让我发现另一种历史的角度、另一种文学的回响。⑯

如今，勒·克莱齐奥先生已经入职南京大学十余年了，南京，也早已经融入了他的日常生活和精神世界。

作为一位有着四十多年交情的老朋友，许钧对勒·克莱齐奥有六个评价，即：他是一个很爱读书的人，一个特别爱倾听的人，一个不愿重复、不断启程、不断超越的人，一个充满正义感、充满人文情怀的人，一个充满爱的人，对自然、对小人物、对生命充满热爱，一个非常纯真的人。

许钧教授举例说，勒·克莱齐奥在南京大学当教授，每年秋季给本科生开通识课，从来不用往年的教案，不炒冷饭。他如此博学，第一年讲艺术与文化的非线性阐释，讲述各种文明艺术，目光遍及五大洲。第二年，就换成了"文学与电影：艺术之互动"。下一年，他还是不愿意重复，又开了一门课，叫"守常与流变：世界诗歌欣赏与阐释"，分析了阿拉伯、古希腊、欧洲和中国的大量诗歌。

他对学生异常谦和，即使学生约他采访，他也不会拒绝。学生们直呼他为勒爷爷。请看南京大学校报记者采访后写的一段话：

去年，勒爷爷的"现实：文学与艺术中的现实主义与理想主义"一课座无虚席。今年，勒爷爷带来的新课程——"文学艺术中的神话"，同样让同学们收获颇丰。勒·克莱齐奥为我们南大学生带来了以中西艺术、电影、诗歌、小说等为主题的课程。他在课堂上旁征博引，深受学生喜爱。⑰

他对学生的作业也认真负责。几百个学生选他的课，学期作业他一个一个看，郑重地打分，有的还写上批语。

南师附中的一个中学生，在一次文学活动中认识了勒·克莱齐奥，向他讨教问题，他总是迅速而和蔼地回答，并不因为对方是小孩子，就糊弄过去。而且，他与这个孩子的友谊一直保持到孩子上大学。

如今，在南京大学仙林校区的林荫道上，生长着一棵红枫树。这棵树是勒·克莱齐奥在 110 年校庆时候亲手所植，十年过去了，红枫已经亭亭如盖。如果你走进南大，如果你有点时间，不妨走走那条林荫道，也不妨摸摸那排排树干，猜一猜，哪棵树是"勒爷爷"所栽的呢？

在此次申报文都的过程中，许钧教授陪同勒·克莱齐奥亲自到教科文组织总部出席活动，宣传南京。勒·克莱齐奥写了一首《致南京》的诗歌，副标题是"给老友许钧"。在申报最紧要的关头，勒·克莱齐奥亲笔写信给教科文组织，推荐南京。他们这对老朋友为南京奉献了一片真情，为南京文都的成功申报发挥了关键性的作用。毕飞宇因此评价许钧教授说：在我们这些顾问中，他是一个至关重要的人，是一个做好事不留名的人。

"许钧先生，因为有你，我每天都在奇迹中历险，与你分享精神的食粮和文化的景观。"这是勒·克莱齐奥在寄给许钧的信中对他的感谢。许钧说："文学翻译能够导向交流，导向精神疆界的拓展。"

"20世纪两部最伟大的作品，法国的《追忆似水年华》和爱尔兰的《尤利西斯》，都是在南京被翻译成中文出版，南京在文学文化交流方面的贡献为世界文学赢得了10多亿中国读者。"

许钧建议，南京应该进一步发挥出版机构、知名作家在促进城市文学发展中的影响力，加强与其他"文学之都"的交流与合作，在向世界开放自己的同时，也让中国文学、文化走出去，让人类文明更灿烂。

2016年9月，许钧教授离开了从教15年的南京大学，加盟浙江大学外国语学院，但是他对南京依然情深意切，对南京文学之都的创新发展依然一如既往地关心扶持。他还特别勉励本书作者说，文学是沟通人心的最好网络，文学又是最需要创新的艺术。这部纪实作品可以借助申报这么一个重要事件，串联起文学南京的方方面面，重点聚焦人与创新，最终实现借助文学的魅力，让读者更喜欢文学、更喜欢南京。

遇见一群伟大的作家学者，一群对世界和人类有着充分理解和悲悯的旅人，南京，是何其有幸。遇见一批为"无用之用"真情奉献的"顾问"，南京城应该感念这些赠人玫瑰、手有余香的善良而温暖的人。

组织专家座谈调研

第三章

新手上路 前方高能

申报一个项目，最重要的是弄清楚有什么标准，我们拿什么给人家看，怎么把南京和南京的文学推介给世界看。

　　现在，向着"世界文学之都"奔跑的脚步正在迈进，可是还没等跑出去多远，忽然发现，这竟然是一场越野障碍赛。

　　"一开始我们是信心满满的，因为做了那么多的基础工作嘛，文史资料、座谈记录、各种论证的内容，南京的文脉差不多都理清了，连我们看了都觉得很感动很振奋。"南京文学之都促进中心的袁爽回忆说，南京是国内第一个申报"世界文学之都"的城市，某种程度上，是有着底气的。等到真正着手开始准备申报了，才发现愿望想法和要求标准有很大的差别。

这群年轻人找"文学之都"接头

南京秦淮区菱角市 66 号,有一处不显眼的低层建筑群,院内曲径通幽、楼宇古色古香,透着某种岁月的沧桑感。这地方叫国家领军人才创业园。在一栋类似厂房的二楼里,摆放着几张简易的桌椅,上面堆满了各种书籍、册子和资料,这就是南京文学之都促进中心的办公室。从 2017 年起,中心里的小伙伴们就是在这里开启了世界文都的申报历程。

袁爽,来自哈尔滨的一位美女,任南京申报世界文都的执行团队负责人。

"公布结果的那一刻,我实在没有忍住,流下了眼泪。"

回忆起申报路上的点点滴滴,这位爱说爱笑的飒爽美女毫不掩饰情感的流露。她说自己从一个对文学毫不知情的门外汉,生生炼成了一个爱南京爱文学的人。

袁爽大学里学建筑设计,曾经留学瑞士四年,学欧洲经济管理,没想到来南京后,竟然一头扎进了文学圈,并且还具体执行文学之都的申报项目,实在是个意外和传奇。

"因为一棵树,爱上一座城。树是梧桐树,城是南京城。"

这段南京文青们喜欢引用的话,也可以作为她"误入"

的一个文学性注脚。

2016 年底，南京确定成立全市"文学之都"申报工作小组。

成员由市委宣传部、市文资办、市外宣办、市外办、市文广新局、市教育局、市残联、市文联、南京出版传媒集团等相关单位分管领导组成，各责任处室承担具体落实工作。

2017 年 2 月，由市委宣传部牵头成立中国（南京）文学之都促进中心，专职开展申都工作。中心设立在南京市文投集团。

而袁爽就是从这里开始加入了申报的团队，也开启了她人生中的一段独特的历程。

"我是从圈外过来的，领导看过我简历，觉得我的条件还可以。"

袁爽的条件不仅"还可以"，而且非常合适。

她留学瑞士，法语讲得很好，英语本身就不错。按照联合国教科文组织的创意城市网络申报要求，每个申报城市要指定一个联络人，无论是申报过程中，还是申报成功之后，这个联络人要直接与教科文组织打交道，相当于文学"外交官"。

我们前面讲过，在南京申报文学之都之前，中国已经有

12 个城市加入了创意城市网络，但统计显示，这 12 个城市确定的中国联络人中，没有一个会法语的。要知道，联合国教科文组织的总部就在法国巴黎，尽管英语是联合国最常用的官方语言，但是，总部在巴黎的教科文组织官员更喜欢使用法语，强大的法语能力必然带来交流沟通上的便利。

"我说我学的是建筑学，对文学一窍不通，南京的作家我甚至一个都不认识，怎么去申报文学之都啊？"袁爽心里也没底："对于作家，我之前感觉这是一个特别有文化的职业，作家可遇不可求，对于我这个学理工科的来说完全陌生。现在知道出来混都是要还的，一旦参与文都申报，当年偷懒没读过的书都加倍补了回来。"

市领导鼓励说，申都具体执行工作是资源整合的枢纽，将南京优势资源输出、链接到各城市和教科文组织，再把好的东西带回来。做好这项工作必须具备内部整合和外联沟通能力。基于此，能胜任的成员有两类，优秀海归人才和专业文字能手。你是百里挑一的，就上吧。

领导一鼓励，东北姑娘袁爽还真就拿出了"爷们"的爽劲来了，上就上！

接下来就是成立执行团队，招兵买马。

工作地点设在国创园，中心当时先招了3名员工，其中2人有留学背景，熟练掌握英语和法语，1人负责综合保障。后又陆续增加3人，其中1人为海归。

"我们这个团队机制和模式都非常灵活，人员基本上都是年轻人，一半留学归国的，外语好，知道如何与国外沟通交流，了解西方的文化艺术。一半是国内的文学专业人才，对南京的文学文化不外行。"

在以后的日子里，他们一起奋斗，一起成长，经历了一次毕生难忘的文化盛事，也为南京付出了真情和汗水。

这里要重点提一下两位团队成员，他们都是宣传部门推荐过来的青年作家，目的是加强申都团队文学圈成员的力量。一位是青年学者何同彬，一位是从《金陵瞭望》杂志借调过来的赵锐。赵锐本来说好借调过来3个月，结果一待就是3年，一直到申报成功才重新回到杂志社。

袁爽第一次见到何同彬是在宣传部的会议室，印象中何同彬是个随和温柔的人。之前他在南京大学文学院当副教授，文都申报过程中，一批文学大咖、教授学者都由何同彬引荐而来，出智出力。后来何同彬调动到省作协，也完成了在文都那段时间的工作使命。

赵锐作家出身，心思细腻，三年里东奔西跑。"其实赵锐还有一个特殊作用就是鼓舞人心、打气，申报团队遇到困难的时候，她的阅历和乐观让大家心里踏实了许多。"促进中心日常还有一个很重要的任务就是写材料，特别是重要领导的请示、报告、发言稿、宣传通稿等。让作家写书容易，让他们写政府报告就是另外一回事，海归派对于政府报告的事情也是要头疼很久，才能磨出来。当然现在完全难不倒这群小伙伴了，各种写作材料发挥自如。

2017 年 9 月，南京文学之都的具体申报工作交给了促进中心，一个不满 7 人的小团队。

中心主要工作包括：加强南京与各国家及城市，尤其是与联合国教科文组织"创意城市网络"城市间的交流学习和创新实践活动；积极参加并在本地举办国际文学、全民阅读与图书出版领域的论坛、节日和书展等活动，通过文学创作、文艺演出、印刷出版、媒体传播和产业服务等途径，促进南京以及中国文学、全民阅读与图书出版等内容，与国际产生双向交流互动；树立南京城市文学、全民阅读与图书出版品牌，打造南京文化新 IP，融合南京城市文学资源，促进多元文化的交流和创新等。

"我们承载着太多人的期盼和渴望，承载着历史的使命和责任，那一刻我们没有考虑过失败，我们只有一个信念就是必须成功，一关一关去闯，我们要求自己每一步都走得稳，走得对，任何困难都需要考虑在前面，遇到困难第一时间找到解决办法。我们虽然有一百种失败的可能性，但我们绝不接受。"带着这份执着和热爱，团队毅然决然、一往无前！

历史文化名城苏州，是中国最重要的民间手工艺中心之一。统计数据显示，苏州市目前拥有联合国教科文组织"人类非物质文化遗产代表作"6 项，居全国各类城市之首，其中民间手工艺类就有缂丝、宋锦和香山帮传统建筑营造技艺等 3 项；拥有国家级非物质文化遗产代表性名录项目 29 项，列全国同类城市前茅，其中民间手工艺类有 18 项。

早在 2012 年，苏州就启动了联合国教科文组织"手工艺与民间艺术"的创意城市网络项目申报工作，并于当年 3 月份完成了向联合国教科文组织的网上申报程序。2014 年

12月1日，联合国教科文组织总干事伊琳娜·博科娃签署文件并致函苏州市市长，宣布苏州市成为"全球创意城市网络"成员，并被授予"手工艺与民间艺术之都"称号。

当然，苏州的成功申报也并非一帆风顺。在2013年11月底，申报的相关准备工作本已经基本就绪，但在当年的12月，联合国教科文组织对该项申报规则作了调整：在原有申请城市市长提供的候选城市资格正式陈述信函、该城市所在国家的联合国教科文组织全国委员会出具的候选城市资格正式认定信函基础上，申报城市还必须得到所在国家相关领域的专业机构出具的正式支持信函，及国际上5个已加入同类主题全球创意城市出具正式信函支持，本年度申报须在2014年3月20日（欧洲中部时间12点）前向联合国教科文组织完成网上申报程序。

规则的调整，对申报工作来说无疑是好事多磨。苏州一方面完善申报书文本等材料，另一方面还争取国家专业协会和已加入同类主题的国际创意城市的支持。至当年3月中旬，苏州得到了中国工艺美术协会以及美国圣达菲、美国帕迪尤卡、韩国利川、日本金泽、中国杭州和意大利法布里阿诺等6个"手工艺与民间艺术之都"主题城市的正式支持信函。同时也于3月19日顺利完成了向联合国教科文组织的网上申报程序。

苏州的经验让人们有了信心，同时也感到申报工作并非想象的那么容易。

南京确定申报后，又专程赴北京向联合国教科文组织中国全委会汇报申都工作，并取得了初步支持。

"中国全委会的支持非常重要，因为它是申报文都的第一道关，代表着联合国教科文组织对所在成员国进行推荐。"

现在，让我们详细了解一下申报创意城市网络的全部流程。

第一轮，由全委会出具推荐函，推荐的城市是已经经过国内初选，被各方认为最有希望的那几个。参加评审的包括已经加入创意城市网络的国内城市。在2019年那年，国内有意申报创意城市网络的有4个城市，最终要选出2个到教科文组织去。

第二轮，由拟申报城市提交申报材料，比如申报表、代表性照片、宣传片等等。当然，最主要的还是申报表。联合国教科文组织会组织专家进行评审，打分高的就进入下一轮。

第三轮，申报城市的材料分发到每一个相关创意城市网络的成员，由它们进行打分、投票。比如南京申报之前，世界上有28个文学之都，南京能否加入，需要由这28个城市出具意见书决定。

第四轮，闯过前面三关的申报城市，名单统一汇总到联合国教科文组织，并经过总干事的审批，得出官方意见。一般每年的10月份，对外正式宣布结果。

每一轮都很关键，而每一关都不熟悉，南京，准备好了吗？

事实上，从国内的条件看，南京在各城市竞争中优势明显，报出国门应该没有悬念，可是在国际上，尤其是与世界文学之都各城市的交流联系上，申报执行团队完全是一头雾水。

在加入申报团队之前，他们从来没注意到过世界上还有28个文学之都，当然，其中的一些著名城市也是有所了解的，可是没想到过它们会和南京发生什么联系。等到拿到这些城市的名单，顿时傻了眼。

这28个城市之中，只有一个城市与南京有直接的联系，那就是波兰的克拉科夫，双方曾结为友好城市。

摸索了很长一段时间，通过高校、省市的外办部门、熟人的关系，促进中心终于联系上了波兰的世界文学之都克拉科夫。

经过一番打听，得知对方即将参加伦敦书展，中国是主宾国，正好有参展出版社去伦敦，于是，2017年4月，袁爽、何同彬和南京大学出版社社长金鑫荣等人立即启程，奔赴伦敦。

"刚到伦敦那会，因为有时差，我们基本凌晨3点就醒了，熬到5点去吃早饭。4月份伦敦的早晨还特别的冷，我俩就走走跑跑，跟着导航找书展的地点。我的心思完全不在书上，抬着头看牌子找城市，看哪个是文学之都，然后再准备去搭讪。"

"中国也来了很多参展单位，记得当时最大的展台是江苏凤凰出版集团的，位于二层展览馆的醒目位置。在几条主要通道旁，展览方还安排了志愿者给前来参展的朋友们做推拿按摩，这些志愿者都是外国人，穿着中国红的T恤，他们动作娴熟，有模有样，感到既熟悉又温暖，也很有意思。"

功夫不负有心人！终于在第二天，也是在凤凰出版集团国际部老师的帮助下，袁爽他们如约见到了波兰文学之都的负责人。

克拉科夫距离波兰首都华沙约250公里，是中欧最古老的城市之一。在2013年入选世界文学之都，音乐和诗歌氛围浓厚，包括两个年度国际文学节，一个大型书展，以及众多的诗歌朗诵会等等。

"第一次联系上了文学之都的城市，兴奋得不行，感觉有希望了。"袁爽回忆起接头的那一刻，依然开心地笑了。

更想不到的是，2017 年，克拉科夫的文都中心负责人还是世界文学之都网络城市的组长，这次"接头"是多么的至关重要啊。

听说南京要申报世界文都，克拉科夫的文学之都中心负责人表示愿意提供帮助，同时，他们也对南京提出很多疑问。通过此次会面，大家发现，对于中国，他们还需要更多了解。

有了第一个，就算推开了一扇门。接着，一个个城市的名字就陆续出现在了面前。英国爱丁堡、美国爱荷华城、澳大利亚墨尔本、德国海德堡……一封封电子邮件，一次次沟通交流，南京终于开始连上了世界创意城市的网络。

大幕在缓缓拉开。

2017 年 5 月 12 日，"中国江苏·扬子江作家周"在南京隆重开幕。中国作协，江苏省委领导，特邀的国内外知名作家，江苏中青年作家代表，国际文学之都城市代表，省有关部门负责人等 200 余人参加开幕式。

"扬子江是中华文明的重要发源地，这里诞生了灿若群星的名家巨匠，产生了传之久远的名篇佳构，孕育了悠久的文学传统和璀璨的历史文化。扬子江地区是'一带一路'、长江经济带、长三角区域发展一体化等国家战略叠加地区，是当代中国经济社会发展的先行区。扬子江也是中西文化交流的重要窗口，这里是中国走向世界的策源地，是世界了解中国的风向标，是中西文明碰撞交融的时代场域。"

在大气磅礴、如诗如画的江南风光片中，南京，以文学的名义整体呈现于人们面前。

令人瞩目的是，法国作家、诺贝尔文学奖获得者勒·克莱齐奥代表外国作家致辞。他在以"梦与探险"为题的演讲中直言要敢于梦想，敢于探险。

他尤其肯定中国的文学探索，指出中国始终保持着古老的传承，向世界提供着一种科学与想象的人文主义。

这是促进中心举办的第一次大型文学活动。最重要的是，

2017 年"中国江苏·扬子江作家周"在南京隆重开幕

世界"文学之都"城市代表参观书衣坊 1

　　在这次大会上，8 位世界文学之都城市的联络人代表第一次踏上了南京的土地。

　　在"中国江苏·扬子江作家周"期间，南京举办了首届"文学多样性与城市可持续发展"国际高峰论坛，邀请来自英国爱丁堡、美国爱荷华城、澳大利亚墨尔本、波兰克拉科夫、德国海德堡 5 个国家的 8 位"文学之都"代表，以及以毕飞宇等为代表的南京作家、南京文学出版企业、南京民间阅读组织、南京大

世界"文学之都"城市代表参观书衣坊 2

专院校师生等各界人士参加，共同交流文学与城市的关系。南京在城市层面开展高端文学交流，正式面向文学之都网络，寻求他们的支持和帮助，与这些文学之都真正"接上了头"。

"如今想来，我们对这几位文都的代表深感抱歉，因为，当时我们也不知道该怎么表达南京、推介南京文学，于是把他们的活动安排得满满的，论坛发言、会议讨论、文学活动、参观文化场所，恨不得全装进他们脑袋里去，每一个代表都背着一大包关于南京的书，这些老外们这一趟可是忙得不轻。"

这是一种中国式的热情，也是南京申报路上摸索前行的

《重塑文化政策——为发展升级创意》(2018 全球报告) 中文版启动仪式

首届"文学多样性与城市可持续发展"国际高峰论坛

必经之路。随着对规则和专业越来越熟悉，促进中心的小伙伴们逐渐学会了"南京表达"。

正是在首届"文学多样性与城市可持续发展"国际高峰论坛上，南京文学之都促进中心揭牌成立，南京也正式宣布：申报联合国教科文组织"创意城市网络·文学之都"！

"文都南京"城市形象推介会·香港站书展

世界文都 南京密码

重大误解：祖上"阔过"不一定躺赢

天下文枢，六朝古都，这是我们引以为傲的文化文学资源，可是祖上阔过，那只是过去的事。"文学之都"要关心的是，这样的"阔"对这个城市有什么积极的影响？未来还有哪些可持续发展的文化创意和参与性活动？

申报团队认真研究了一下申报材料（标准）后发现，对城市的历史考量，可能只有十分之一都不到，而是更注重于这个城市当代和未来的发展、文学与可持续发展的关系、有影响力的国际活动。作为申报城市，比如说文学资源比较丰厚，那么你的文学对城市可持续发展，对这个城市，对政府、协会、阅读爱好者、作家等方方面面的人能起什么作用？这才是联合国教科文组织考量的重点。

南京真正有国际影响力的文学活动不多。对城市文学的系统梳理，此前还真很少考虑和研究过。

为了更好理解这一点，我们先来看看联合国教科文组织"创意城市网络"申请表列出的一些标准。

比如：

关于以创意驱动发展，请邀请候选城市解释其如何考虑将文化和创意——特别是所申报的相关创意领域——作为驱动力来发现机遇，迎接挑战，实现城市的可持续发展，并化解城市面临的挑战。

在申报创意领域中，申报城市在过去五年内举办的面向当地、全国或国际受众的节日、集会和其他大型活动有哪些？

专门用于该创意领域内的实践、促进和推广的主要设施和文化空间，特别是面向普通大众或特定观众（青年、女性、弱势人群等）。

分析上述指标，可以归纳出几个关键词：国际性交流、群众性参与、创意文化、可持续发展、关照特殊群体、文学教育，当然，里面还强调了两个指标：文学的财政投入和文学活动的数据支撑。

概括地说，文学之都的标准至少包括：一个城市出版的质量、数量和多样性；以文学为重点的教育项目的质量和数量；文学、戏剧或诗歌在城市中发挥重要作用的程度；是否举办文学活动和文学节；图书馆、书店和文化中心的数量；以及媒体在促进文学方面的参与率。

我们所引以为傲的文脉，的确可以加分，但是，当下城市的文学活力和文学活跃度在考量中占比更重。

比如有这一条：陈述该城市的主要地理、人口、文化和

经济特点；政府管理模式、主要文化设施和基础设施、国际关系等。（最多 1500 英文字符）

这条其实是关于城市硬指标的一个概述，1500 字英文字符的内容里面，涉及文化的算下来也不过 500 字。那么，文学又能占据多少字的篇幅呢？

标准中，大部分内容考量的完全是一个城市的国际视野、国际文化交流的程度和可持续发展，特别强调的是创意，这意味着这座城市是否具有创新的活力和文学文化的参与性、大众化，会影响到评选的最终结果。

再请看这条：

文化领域——尤其是申报的创意领域——当前的经济重要性和活力：提供衡量其对城市经济发展及就业的贡献的具体数据、统计数据、指标，以及文化企业的数量等。

都说我们中国人喜欢数据出政绩，数字里出官，不比不知道，外国人也是看数据说话的。"文学就是纯文学""文学就是几个作家的事""我们早就是天下文枢了，千年文脉还不吓死他们"，如果我们还是按照这样的刻板的印象来评价文学之都，那真是南辕北辙、盲人摸象了。

前面我们讲过，促进中心的小伙伴们去找波兰的文学之都接头，为了充分展示南京的文学文化，大家带了一本精心准备的宣传册，可是人家看过后，突然提出了一个问题：南京已经这么优秀了，干吗来报文学之都啊？

这一问，问得我们去的人都愣住了。

原来他们的观念是，申都报告的不完美其实才是真实的、可持续的，一个完美的无可挑剔的城市是不需要再加入网络了。一个城市选择加入，要考虑能给网络带来什么，做出什么贡献；同时能从中获得什么，提升本城市的创新发展；已有城市，能给拟加入城市带去什么。在这个意义上，世界文学之都不仅是一纸荣誉，是对一个城市文学及其文化的认可，更是一个不断创新的发展过程和网络联通。

看来，文学不是空中楼阁，不是纸上谈兵，不是风花雪月，不是高山流水，是要实打实的一场场活动、一个个创意、一位位读者、一篇篇文章堆出来的，是贴着城市行走、冒着烟火气的。这样硬杠杠的标准，已经不是某个城市文学的业绩堆积，而是一个城市文化实力的比拼和展示，甚至是这座城市对未来的文学规划和文化想象。

南京，第一次申报，就迎头撞上了这样的标准！

这些"最南京"进了申都报告

鲁迅先生说,"其实地上本没有路,走的人多了,也便成了路"。可是,世界上还有很多的路,如果选的方向错了,那么,走的很可能是弯路和折腾路。文都申报,怕就怕在走弯路,劳而无功,南辕北辙。

申报团队开始放下盲目的乐观,认真细致地研究那些苛刻而又陌生的"文学"标准。用什么样的思路和话语方式来讲南京和南京文学,是这场特殊文化交流的关键所在。

当然,撰写申报报告成了首要的重头戏。

早在 2017 年 3 月,南京市就组成中文版报告撰写专家小组,按照预定时间表,完成了第一份南京申都报告,也就是《联合国教科文组织"创意城市网络"2017 年申请表(中英双语)》。5 月底完成中文版定稿,英文翻译约请了加拿大汉学家石峻山(Josh Stenberg),以及签约凤凰集团专家库成员的美国汉学家边斌(Brian Bies),6 月初完成全部中英双语申请表。

客观地说,2017 年南京并没有完全做好申报准备,无论是国际环境,还是本身条件,都还在探索阶段。因此,那一次没有获得联合国教科文组织中国全委会的支持。这是一次尚未走出国门的尝试，为后来的正式启动打下了基础。

自 2018 年 9 月起，申都中心即聚焦 2019 年的申报目标开展工作。在总结 2017 年工作的基础上，一方面继续对接好联合国教科文组织、联合国教科文组织中国全委会、南京市委宣传部和南京市文投集团，一方面重新梳理资源，在原有申都报告团队的基础上，于 2018 年 11 月引入了报告起草专家团队。他们分别是：

中文版专家团队四人：江苏省委政策研究室原副主任范朝礼、江苏省委政策研究室处长储胜金、南京大学文学院教授张光芒、南京大学宣传部副部长祁林。

英文版团队专家四人：凤凰出版集团刘锋、美国汉学家边斌（Brian Bies）、英国汉学家沈如风（Jack Hargreaves）、英国汉学家丽丽（Liliana）。

2019 年 1 月 14 日至 2 月 3 日，南京有关部门牵头，促进中心配合申都专家，密集召开 5 场申都专题研讨会，南京市财政局、市文旅局、市教育局、市文联、南京广电集团、南京报业传媒集团、南京出版传媒集团等相关单位全部派员参会。

在重启调研的基础上，专家们四易其稿，并征集各方意见，于 5 月中旬完成申都报告中文版定稿。

与 2017 年的申请报告相比，2019 年的报告写作发生了重大的变化。首先一个就是专家团队的加盟，向着更加专业的方向发展。

"2018 年 11 月，以范主任为首的专家队伍重磅加盟，让报告撰写朝系统化规范化的方向发展。"促进中心的赵思帆说。

他所说的范主任，就是范朝礼。

申报表严格控制字数，篇幅有限，却又要表达清晰，简明扼要，代表南京的门面，还要与国内其他城市进行 PK，非得请个公文高手不可。

请到范朝礼，也是袁爽"磨"来的。范朝礼的女儿是袁爽的好朋友。"我就和她说了，我们是好朋友不？现在我遇到困难了，你老爸必须出来！"想起当初的狠劲，袁爽笑了起来。

范朝礼曾任职江苏省委政策研究室副主任，给省领导写了大半辈子材料。多年的机关工作经历，让他对公文逻辑结构和行文规范颇有心得，更重要的是，他本人也非常喜爱文学。

"我觉得文学之于人们，一个非常重要的功能，就是滋养生命、荡涤灵魂、激发创造、提升素质。比如说我在年轻的时候，读过那个时候非常流行的《钢铁是怎样炼成的》，保尔·柯察金的人生信念真的伴随我一生，也影响我一生。"

范朝礼支持中国文学走出去，但对于怎么走出去，有着自己的见解："我们现在说的走出去，它可能更多地在表象上，人出国了叫走出去，一本书翻译到国外去了，叫走出去。走出去是前提，是第一步，这当然很重要，但最重要的要走进去。就是说要走进人心，产生交流和共鸣。我认为文学这个载体，能够实现国家之间的文明互鉴，最容易在走出去的过程中，把中国的优秀文化、经典作品，让外国的读者所接受。而南京有这个实力。"

专家组开始对南京文学及其文化资源进行系统梳理，亮

访谈节目《世界文学之都的首张"中国面孔"》

点提炼，集思广益，整体升级。

"范主任很明白我们的规划方案如何跟政府的规划政策有机结合，而不是写一个旁逸斜出、空洞无法实现，只是提交给教科文组织看，而跟政府工作思路不兼容的蓝图文件。"赵思帆说。

因此，报告的一个原则就是实事求是，南京该有的要说到说透，打动人心；没有的或者构想中的文学愿景要能够执行落地。内容既有响应政府相关政策的内容，也有在这个主干基础上的创新性延伸。

比如对应文学之都评选标准之一：

陈述城市主要的及全球的发展战略与政策，特别是那些与国际发展议程——如联合国2030年可持续发展议程——相符的战略与政策。

专家组按照2018年颁布的《南京市城市发展总体规划（2018—2035）》，精准列出了南京今后发展的四大战略：

国际战略，旨在全球城市网络中找准自身定位，打造专业型全球创新名城和美誉度高的世界文化名城，构建全球伙伴关系，强化互联互通，提升国际链接能力和城市国际化水平。

创新战略，致力建设创新驱动的智慧城市，成为国家科学、技术和教育人才中心，建立可持续的产业发展模式，打造以新型电子信息、绿色智能汽车等为支柱的先进制造业，打造以软件和信息服务、金融和科技服务等为主导的现代服务业，加快培育一批未来产业。

空间战略，坚持生态优先，建立与城镇相契合的生态网络，充分展现南京滨江城市风貌，突出"绿、文、城"要素，形成"自然山水韵、古都文化魂、国际现代貌"的城市特色，增强城市发展的包容性、安全性、弹性和可持续性。

文化战略，推广城市文化品牌，建设"文学之都""和平之城""博物馆之城""书香之城"以及"世界体育名城"。健全公共服务设施，提高教育质量，实现教育公平，提供终身学习机会。构建宜居的社区生活圈，形成高质量生态城市的山水格局。

报告的另一个难点是，怎么用别人听得懂的语言让南京文学走出去，走进人心？

南京大学文学院教授张光芒介绍，在总结经验、参照国外申报成功案例的基础上，专家团队认为，我们的报告不是评职称材料，不是写给领导看的汇报，因此不要过度强调南京的老、大、全，而是要突出新、特、精。具体地说，要突出南京文学及文化的唯一性、世界性、地方性、学术性、参与性和创新性。

"文学上征服、事例上说服、细节上打动，这样呈现的南京文学才会更吸引人。"

比如在唯一性特征上，报告选取了这么一个事例：

南京是中国最早公演莎士比亚最著名悲剧《哈姆莱特》的城市。为纪念莎士比亚诞辰 400 周年，南京大学陈嘉教授于 1964 年 5 月 16 日组织了庆祝晚会，并亲自上台扮演哈姆莱特。

比如体现学术专业性方面，报告选取译林出版社。

这是国内最具品牌影响力的专业翻译出版社，近 30 年来出版"译林世界文学名著"400 部著作，发行近亿册。联合国教科文组织授权该社出版《人类文明史》中文版 7 卷。

比如在世界性影响方面，报告有意识地选取了在南京生活过的有世界影响力的人物，如孙中山、利玛窦、赛珍珠。

既有地方性的又有世界性的代表是先锋书店。该书店吸引文学爱好者超过 10 万人，数次被 CNN、BBC 等评为世界"最美书店"：

已有 20 多年历史的先锋书店，赢得世界交口赞誉。通过与政府、企业、高校、民间机构等合作，已开设 10 家连锁店，经营总面积超 1 万平方米，每年举行近百场新书发布、文化讲座、艺术展览等活动，策划组织大学生创意节、读书节、诗歌节等节庆。

对于人权的平等保护，在博爱之都南京城里也是随处可见。下面列举的这些相信能够说服那些苛刻的评委：

"朗读者"是一项帮助视障人士感受文学之美的公益志愿活动。近3年来，志愿者已达近万人，定点服务视障读者3万余人，录制现当代文学书籍81种，征文作品90余篇，总时长超过300小时，正式出版有声光盘12套，举办助盲公益活动166场。其中，"盲人剧场"还创新提供集盲人讲座、演唱、戏曲、话剧、朗读、电影等文艺演出的一站式服务。

至于体现南京文学的全民性参与性，报告更是以数据说话：

南京现有民间阅读组织400多家，涵盖亲子教育、青少年教育、大学生成长、公益双语、老年读书会等类型。南京领读者联盟由作家学者、新型阅读空间负责人、读书会会长、媒体记者、出版单位以及全民阅读活动推广人员等近500名成员组成。

南京现拥有各类博物馆、美术馆84座，文物藏品81.18万件，总建筑面积49万平方米。公共文化设施面积151万平方米，万人拥有面积1937平方米。各类手工及民间艺术博物馆 8 个，面积 12550 平方米，收藏实物 1364 件 / 套，非物质文化遗产传承保护基地 28 个。市级以上工业设计中心 62 家，文化创意企业 18993 家。现有 74 家影院，屏幕数量 598 块，座位数 73092 个。现有餐饮企业 3082 家，音乐剧场、剧院 13 座，座席数 15123 个。

350字英文浓缩了千年文脉

报告撰写中，还有一个重要的环节——翻译。这个看似简单，但绝不能仅仅理解成中译英，而是要在精准传达中文报告的基础上，还能让评委们迅速理解把握要领。

申报口号的确立，这是申报材料的灵魂所在，在多位国内外专家学者来稿中，最终选择了这一句："Literature for life, Literature for all。"前半句中"life"一词具有双重含义，既指文学融入每个人的生活，构成了这座城市独特的文化基因，也指文学赋予这座千年古城的活力；后半句强调的是文学对于城市居民的可及性和公平性。

英文版专家深度参与内容的撰写，某种程度上是按照国际通行的话语体系，重写了一篇英文版。

"我记得快到截止期限了，我们还在开会修改。我们不希望浪费每一个单词，因为英文的篇幅比中文的更短。"袁爽回忆起那天的英文定稿会，从早上开始，一直开到了深夜。站在评委的角度推敲，站在申报城市的角度表述，站在其他有投票权文都的角度研究，一个单词一个单词地过。会场里说得最多的是"下一题，下一题"。这些埋头"刷题"的人们忘记了时间，留意不到四周高楼里的灯火黯淡下去了。直到有个人抬头看了看窗外，惊奇地喊了一句：看，星星。大家看向了天空，南京城的上空，竟然出现了满天星斗！此刻，已经是凌晨1点了。

经过精心打磨的英文稿终于完成，随即，中心又邀请教科文组织资深专家、创意城市网络文学之都相关城市（都柏林、爱丁堡）负责人，请其审稿和润色，于2019年5月底前完成申报表英文版定稿。

南京是一座文学之城。南京1800年文学传统在城市发展中扮演着重要角色。中国历史上第一个文学院（"文学馆"）、第一篇文学理论文章（《文赋》）、第一部儿童启蒙读物（《千字文》）等都是在南京诞生的。伟大的古典名著《红楼梦》多以作者曹雪芹在南京的生活经历为素材。南京是一座阅读与创作之城。1907年成立的南京图书馆已经在一个多世纪中为城市读者服务。崇尚文学、酷爱读书是南京人最为鲜明的精神气质，南京是创作的温床，作家的天堂。在中国数千年文学史上，有超过1万部文学作品产生于南京或与南京有关，其中包括诺贝尔文学奖得主，美国女作家赛珍珠的获奖作品。南京是一座传播之城，一直以来在为中外文学交流推波助澜。五个世纪前，南京是中国重要的出版中心，率先将

中国的文史典籍"四书五经"翻译到欧洲。（350字）

千年的文脉传承，近百场的调研讨论，无数次的修改总结，关于南京文学的介绍文字最终压缩成了300多字英文。

浓缩的都是精华！但从中也可以看出来，创意城市网络所强调的与我们通常的理解大不同。我们的翻译也尽量贴着英文语境和阅读习惯，把中国的传统文化和南京文学尽可能地精准传达出去。这就是专家们所强调的：走进心里去。

除了扎实做好申请报告，"走心"的举措还有很多。

促进中心精心选择了三张代表南京文学面貌的照片，提交给联合国教科文组织创意城市网络评审委员会。

这三张照片分别是南京最美书店、南京国际交流群像、援非项目。

南京先锋书店曾被BBC评为"世界最美书店"。在南京，书店多过菜场。民国公馆区梧桐树下，明城墙的青砖之上，地下车库的开阔地带，不经意间，你就会撞见一处特色独具的精美书店。在这些书店里漫步，哪怕不买书，也是一种心灵的休憩。

为什么还提交了一张援助非洲的组照？这也是促进中心有意识的选择。因为，联合国教科文组织一直强调非洲优先、南南合作的理念，而这也与我们国家的国际交流主张契合，

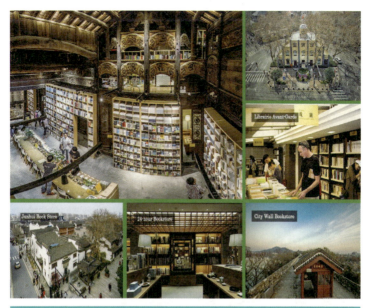

上、中、下分别为"南京最美书店""南京国际交流群像""援非项目"组图

因此，南京在这方面做出了许多贡献，也值得向教科文组织作一个交流展示。

根据联合国教科文组织"创意城市网络"对申报"文学之都"的要求，2017年5月和2019年12月，促进中心还分别拍摄了两部关于南京文学的宣传片。

2017年那部申都宣传片（中英双语）约7分钟。片头运用中国水墨画风格，行云流水、烟霞满天地展示了南京在中国文学上的第一和唯一，如中国第一部专业文学教育机构文学馆、中国第一个山水诗派、中国第一部诗歌评论专著《诗品》、第一部文学评论专著《文心雕龙》、中国最早的儿童启蒙文学读物《千字文》、世界上最大百科全书《永乐大典》、中国四大名著之《红楼梦》作者曹雪芹出生地等等。

随后，宣传片通过几位不同身份的南京写作者串联，以点带面地反映出文都南京特有的文学氛围。无论是著名作家毕飞宇，还是隐居在乡下劳作的农民作家，他们都是南京写作群体中的一员，南京给了他们丰富的灵感。在2014年就来到南京的法国作家杰拉德眼中，南京给了他新奇的创作素材，他已经喜欢上了南京人的日常生活。南京中学里的文学社、盲童们齐声朗读、世界最美书店、译林出版社，标志性的文学场景，一一在镜头下呈现。而在片尾快结束的时候，南京楼宇间、街巷处、课堂上、书店里，那一组组阅读的温馨场景瞬间打动了每一个人。我们深深体会到：

南京是这样一座城市，她与文学有着与生俱来的渊源。

在她身上流淌着1800年的文学血脉，

过去是，现在是，未来更是！

在这部宣传片中，我们看到的不仅仅是南京历史上的皇皇巨著、著名作家，更多展示的是当代普通人的文学感受、文学理想。

2019年，南京文学之都促进中心再次推出宣传片《南京文学一日》，这部写实风格极强的专题片细致入微地记录下从凌晨4点到深夜，南京一日的文学场景。地摊书市、街边小书店、电台文艺节目里的朗读者、海子的诗歌朗诵会、最美图书的装帧设计师、南京白局演出、南京相声、深夜里咏唱的民谣歌手，寂静的城市，流动的文学，最后，在民谣歌手苍凉抒情的歌声中，在街角24小时书店的微光中，南京文学的一天过去了。

在幽微之处见南京文学，在书香城市里安放心灵，南京文学一日，看尽天下文枢。

第四章 ——

巴黎的盛会

如果说申请表描绘的是纸上的南京，是文字中的南京文学，那么，这种描述还需要有现实的支撑。怎样让南京文学走出去？怎样让世界各地的人们认识南京及其文学，了解南京文学及其文学活动的丰富多彩？

　　南京的文学故事，不仅需要我们自己来讲，也需要世界各国的朋友特别是青年朋友共同来讲。于是，在短短一年多的时间里，南京上演了一幕幕文学的乃至文化的国际交流大戏。

　　　　　　　　　　　　　　　　世界文都 南京密码

国际文学论坛永久落户南京

敬爱的习主席：

我叫吴汉娜，来自埃塞俄比亚，目前就读于北京大学。我想代表参加"一带一路"青年创意与遗产论坛的各国青年代表给您写信。

2018 年 5 月 21 日至 26 日，由联合国教科文组织和中国主办方联合举办的"一带一路"青年创意与遗产论坛在长沙和南京召开。这两个城市不仅拥有丰富的丝绸之路（海上丝绸之路）物质和非物质文化遗产，而且在当今日益开放的新时代，迸发出蓬勃的创造力。

本次论坛为来自非洲、阿拉伯、亚太地区和欧洲地区的丝路沿线国家的青年提供了亲身体验深厚中国文化的机会。青年们通过文学、媒体艺术、创意产业、艺术、博物馆和当地遗产遗址，多方面感受了中国文化，这有利于提升人类尊严，加深民族之间的理解，促进和平共处和可持续发展。

……

我对中国和非洲饱含深情，无论在何时何地，我都想以我有限的知识和能力为中非建立纽带、弥合分歧。我坚信中非之间合作潜能巨大，"一带一路"倡议会成为新时代双方可持续发展的主渠道。

......

中国本身就存在着丰富的多样性，"中国文化"这个词本身就是一个包罗万象的意涵。在中国，北方文化与南方文化有着相似之处，但两者绝非相同，其多样性可从遍布全国的 50 多项世界遗产得到印证。在中国的这些日子里，我有机会去中国各地旅行和生活。去年我有幸在北京大学位于深圳的国际法学院学习。在不到 40 年的时间里，深圳从一个小渔村变成了国际大都市。如今，深圳在世界上以其生产力、创造力和宜居性脱颖而出，成为东西方文化、价值观、生活方式和发展进程交汇之地。

......

此次青年论坛在中国举行，再合适不过了。因为中国已成为数百万外国青年的家园，他们相互合作并与中国人民一道改变世界。在这样的环境下，无数类似的微观层面的交流将推进宏观层面的全球发展。通过互联互通，我们将实现"一带一路"的宏伟蓝图。通过人文交流，我们将挖掘"一带一路"的潜能，并在"一带一路"上结交到可贵的朋友。

......

Dear President Xi,

我叫影汉娜，来自埃塞俄比亚，目前就读于北京大学。我想代表参加
一带一路青年创意与遗产论坛的各国青年代表给您写信。

From 21 to 26 May 2018 the IYF was hosted by
UNESCO and the Chinese hosts in Changsha and
Nanyang, two cities blessed with tangible and intangible
heritage with the (maritime) Silk Road and robust
creativity in the new era of an ever open China.

This forum provided young women and men from
Silk Road countries in Africa, Arab States, Asia and
the Pacific, and Europe, with the the opportunity
to experience first-hand the power
of culture in its various manifestations-
literature, media arts, creative industries,
arts, museums, and
local heritage sites -
to promote human
dignity, understanding,
between peoples, peaceful
coexistence, and sustainable
development.

As an Ethiopian and Pan-African,
I move in a rapidly growing community in
China. Ethiopia and China have strong political and
economic ties. Ethiopian President Mulatu Teshome is a

1

汉娜代表参会青年给习近平主席写了一封信

仅仅 36 年前，深圳还是一个不起眼的城市。然而现在它是许多国际公司和深圳证券交易所的所在地。如果有合适的条件，各国青年领袖都可以在深圳学到中国经验，并可能回到自己的国家"复制"中国的增长奇迹。这种努力可能不会立竿见影，但在未来 36 年里必定大放异彩。

以上就是我和我的朋友们想对您说的话，感谢您花时间看完。

我们祝您身体健康！

祝福中国，祝福非洲！

献上我深深的敬意

汉娜·格塔丘

给习主席写信的这位非洲女孩汉娜·格塔丘，来自埃塞俄比亚。

汉娜对中国的好奇与兴趣，源自她的父亲格塔丘·恩吉达。恩吉达曾任联合国教科文组织副总干事，因工作需要经常来中国，对中国的发展和成就非常了解。2016 年底，在父亲的建议下，汉娜决定追随埃塞俄比亚前总统穆拉图·特肖梅的求学之路，赴北京大学国际关系学院攻读国际法，并给自己取了中文名字——吴汉娜。

2018 年 5 月 26 日下午，"一带一路"国际文学暨青年创意与遗产论坛在南京举行。

就是在这次会议上，"一带一路"国际文学论坛宣布永久落户南京，填补了国内众多"一带一路"活动谱系中没有文学交流平台的空白。

汉娜第一次来中国，就是到南京参加青年论坛。不巧的是，她在会议期间扭了脚，只好拄着拐杖参会。会议组织人员看到汉娜的状况，特地安排两位志愿者帮助她。由于汉娜拄着拐杖走得慢，大家就始终陪着她慢步走，甚至一段不长的路走了近半小时。为了不让一个参会青年被疏远，大家都走过来与汉娜合影。

"当地人很热情，我们还看到了美丽的烟花晚会；来自 43 个不同国家的青年们聚在一起，成为好朋友，共同商议一些重要的议题。这种美好的感觉给我的触动很大，加之我又对中国这个第二故乡的感情非常深，我就想给习近平主席写封信表达自己对中国的热爱和对中非关系的一些思考。"

正是因为感受到了南京人的热情和友善，所以才有了前面开头的那封信。

2018 年 6 月 2 日，她和几位同学一起，代表参加"一带一路"青年创意与遗产论坛的各国青年，给中国国家主席习

2018"一带一路"国际文学暨青年创意与遗产论坛

近平写了一封信，用的还是中国的传统笺纸。

"其实写信的时候，我完全没有想到习主席会回信。但是在中国，一切皆有可能，我就试试呗，谁知道接下来会发生什么呢？"

8月28日，习近平给汉娜等青年代表回信，强调中非青年是中非友好的未来，勉励他们为构建人类命运共同体作出自己的努力。新华社、人民日报对此进行了报道，29日晚间的《新闻联播》节目进行了同步播报。

习近平在回信中指出："共建'一带一路'为中非合作注入了强劲动力。……青年是国家的未来，中非青年是中非友好的未来。希望你们加强文化交流、心灵沟通，继续关注并积极参与共建'一带一路'，支持中非团结合作，同26亿中非人民一道，为传承中非传统友谊作出贡献，为携手打造更加紧密的中非命运共同体、构建人类命运共同体作出自己的努力。"

汉娜高兴地说，完全没有想到习主席会回信，我和我的国家都非常感激他。

《参考消息》以《汉娜：被"一带一路"吸引的非洲女孩》对她作了报道。⑱

"在非洲大陆，中国是让大家感到陌生的、但令人向往的地方。人们知道筷子，知道中国很大，但他们知道的细节很少。比如中国人很重视孝道，尊敬长辈和老人，这在非洲也被人们视为重要的伦理道德。这是中非文化产生联结的一个点，但在非洲知道这个联结点的人并不多。"汉娜说，现在在中国学习、生活、工作的非洲人很可能是他们家里乃至村庄里第一个到中国的人，周围的人会好奇地从他们口里打听关于中国的一切。

她对中国印象最深的就是大家非常好客。"当时是我第一次来中国，一句中文也不会，甚至不知道未来会发生什么。刚到北京时，学校和同学教我中文，邀请我去她们家玩，给了我非常大的帮助。"

目前为止，汉娜已经去过 11 个城市了，比如北京、深圳、成都、乐山、香港、长沙等。

"最让我忘不了的还是中国的外卖，我从没有享受过如此便利的服务。"

2019 年 4 月 3 日至 6 日，由联合国教科文组织、联合国教科文组织协会世界联合会、中国联合国教科文组织全国委员会、长沙市人民政府和南京市人民政府共同主办的第三届"一带一路"青年创意与遗产论坛（以下简称"青年论坛"）南京站活动成功举行。

　　本届青年论坛南京站活动在中国联合国教科文组织全国委员会、联合国教科文组织驻华代表处的指导下，深入贯彻习近平主席给汉娜等青年代表回信的重要精神，邀请来自85个国家的100余名青年代表来宁研讨交流，动员各国青年关注并积极参与共建"一带一路"。

　　作为第三届"一带一路"青年创意与遗产论坛的参会代表，汉娜再次来到南京。

　　"今年的参会代表更多，是去年的两倍，我们都是具有开放胸怀和创新意识的青年，彼此间的化学反应和去年一样奇妙。"第二次来到南京，在汉娜看来，南京的文化瑰宝常

看常新，博大精深。她非常开心地看到，"一带一路"青年创意与遗产论坛的规模在成长，影响在扩大。

在宁期间，青年代表们参访了南京图书馆，考察国家级古籍修复中心，亲手体验雕版印刷技艺；在江宁织造博物馆了解南京云锦织造技艺，探索中国古典文学巅峰之作《红楼梦》与南京的紧密联系；参观先锋书店与南京师范大学"书衣坊"，真切感受到南京这座文学城市的丰厚积淀及多元包容的城市特征。

联合国教科文组织协会世界联合会主席班纳加参访后表示："来自全球的青年代表在这里看到了南京在文化传承创

新领域取得的卓越成绩，我相信，这座城市的未来发展一定会从中受益良多。"

在论坛总结会上，青年代表们用 fun（有趣）、love（喜爱）、passion（热情）、heart-opening（开放）、literature（文学）、volunteers（志愿者）、nanjing（南京）等近 30 个关键词表达了参加本届论坛的感受和对南京的印象。

青年论坛的举办为中外青年搭建了文化交流的平台，也为南京提供了扩大对外传播、提升城市国际美誉度的重要机遇。

驻地作家：我们都是南京人

家底有了，材料也送出去了，怎么让28个文学之都更好地了解南京呢？

前面的流程都可以一步一步去走，必备的材料可以一项一项去做，可是有一个关键环节，却不是申报团队能够决定得了的，那就是：争取到世界上已经获得文学之都称号的28个城市投票支持。

其实，早在2017年，南京在国内城市中首个提出将申报世界"文学之都"，就引起了关注和热议。而在众多的疑问之中，国际化交流程度是一个主要问题。

"文学之都"或者"文学之城"，更重要的可能是文学氛围。南京这座城市现在的文学氛围怎么样？从不同角度看答案会不一样。比如看出版的文学作品，乃至各种官方非官方的文学活动，确实数量不少，挺热闹的。但看民众对文学的热情，与过去那种对"缪斯"的追崇，完全不可同日而语。在波兰的"文学之都"克拉科夫街头，有排着长长队伍的"等诗人"。英国爱丁堡申报命名时说"爱丁堡是一座建立在文学上的城市"，南京有底气说这样的话吗？

这是网上比较有代表性的一种声音。其实，提出这样的疑问，或者说对南京"不服气"，原本是有一些误解的。因为前面我们讲过，所谓的"文学之都"，很多人可能觉得是"首都"的意思，而实际上，全世界已经有 28 个城市入选"文学之都"。"文学之都"只是联合国"创意城市网络"授予某些城市的七大主题荣誉称号之一，包括文学之都、音乐之都、电影之都、设计之都、民间艺术之都、媒体艺术之都、烹饪美食之都等。如果改成"文学之城"的说法，恐怕大多数人就能更容易地接受了。

公众对南京申报世界"文学之都"感到惊讶，或者说不够认同，还有一个原因是中国文学的国际交流少，尤其是"走出去"较少。且不说至今只有莫言一个人获得诺奖，我们当代文学作品的对外翻译就远远不够，更不要说销售了。而在欧洲的许多国家、城市，情况是远远不一样的。冰岛是小语种国家，雷克雅未克 2011 年被授予"文学之都"称号。雷克雅未克只有 20 万人口，除了有丰富的中世纪文学遗产外，还特别注重文学的教育、保护和传播，在发扬文学在现代城市景观、现代社会和居民生活中所起的作用方面，做出了杰出的贡献。

许多人看到了南京的短板所在，申报团队也认真分析了面临的困难。但是，他们不能临阵退缩，更不能以此为借口而放弃申报。

只有一个友城的南京，怎么在短期之内去结交上其他的文学之都呢？

交流互鉴，让世界感受中国！

申报团队先从友好城市入手，拜访了这座城市的文都中心的负责人，讲述了南京申报的想法和做法，然后，请他们帮助，向其他城市发出了南京的邀请，邀请世界各地的作家来到南京。

"因为仅仅借助城市推介、开推介会的话，一面之缘，很难让每个城市感兴趣。即便是一个下午的时间，也很难让他了解南京，知道南京，就是很难走到（心）里面去，或者达到我们（想要）的一种效果。后来，我们推出作家的驻地计划，我们发出邀请，邀请作家到南京来驻地写作。"袁爽说。

这些作家由各国的文都中心负责遴选，最后推荐给南京。这也是文学之都城市里面比较喜欢的一种做法。

作家驻地计划受到了各国文都城市的热情欢迎和热情支持，很快，他们就送来了各自的候选人名单。

2019年4月，英国诺维奇"文学之都"办公室推荐英国作家、翻译家 Jack Hargreaves 来宁驻地；

5月，中宣部外联局推荐法国医生、作家 Philippe Jean Siou 来宁驻地；

8月，罗马尼亚作家 Doina Rusti 来宁驻地；

9月，美国著名儿童文学作家 Kate DiCamillo 来宁驻地；

11月，爱尔兰都柏林文学之都办公室推荐爱尔兰作家 Matthew Geden 来宁驻地；

12月，克拉科夫著名诗人 Dariusz Jerzy 来宁驻地。

驻地写作计划全年共3期，每期一个月，由28个世界"文学之都"城市推荐，最终遴选出6名作家代表参加南京国际文学家驻地项目。

驻地时间选择在南京特色传统节日或重大活动期间。受邀国际作家在一个月时间里深入南京日常生活，参加阅读组织及高校举办的文化文学交流活动，亲身感受南京的文化底蕴和浓郁的文学氛围，沉浸式体验中国首个文学之都申报城市的多元文化创意和可持续发展。

每位驻地作家将会为南京留下创作成果，相关成果也将发表在南京或国内的主流媒体上。

格拉纳达青年小说家穆尼尔·赫彻米说："在南京做驻地作家的那段经历，实际上改变了我的人生。"他与促进中心的赵思帆建立了深厚的友谊，赵思帆向他讲述了一位医生的故事，这让穆尼尔非常感兴趣，于是以南京为背景创作了一篇短篇小说。小说开篇写道：献给赵思帆。这篇小说后来入选"《格兰塔评论》西班牙语青年小说家25强"。

"这段经历对我来说非常特别，不只是因为南京人民对我十分友好周到的照顾，更是因为我对南京这座城市、南京的作家，以及那里的一切产生了感情。在南京的时光是我人生中十分难忘的记忆。"2021年10月，在"南京文学之都国际写作中心"成立之际，曾参加南京国际文学家驻地计划的穆尼尔特意送来祝福。

驻地作家留下的文字作品，让南京市民看到不同文化视阈中的南京。南非作家菲奥娜·可汗在作品中写道：

虽然到了与驻地项目作别的日子，但我的心和思想停驻在了南京。我很想不久后去参观这座城市，享受南京文学节充实的内容。我想与南京的居民对谈，在文化、历史和传统的海洋中畅游。这里是作家的家园，我想在洒落的牡丹花瓣下放松身心、获得灵感，去书写一篇明朝历史上的爱情故事。我想置身于竹林的低语，从中学到古人的智慧，一同点燃心中的那条龙。我希望我的灵魂如同长江和秦淮河上升起的孔明灯一般飘飞天际，那时我一定会有无尽的感叹……这片土地如此美丽，令我魂牵梦萦。

　　　　　　　　　　　　世界文都 南京密码

马修·盖登（Matthew Geden）是来自爱尔兰的诗人、作家，SoundEye 国际诗歌节和 Engage:Bandon 艺术节联合创始人，书评人兼出版人。1965 年 11 月出生，1990 年开始写作，在全球期刊、报纸和杂志上发表诗歌，出版著作包括《金塞尔诗歌》《游到阿尔巴尼亚》《里面的地方》等。公开发表作品包括文学论文、访谈、广播剧《城市之心》、舞台剧《留下一些记录——文艺的金塞尔》等。

马修参加了 2019 年第三期驻地计划，在驻地期间与南京当地作家和文学爱好者进行了持续互动交流，并与南京创建文学之都顾问、著名作家毕飞宇共同开展创作采风活动，写下多篇关于南京的诗作。

马修·盖登为南京创作了诗歌《梧桐树》。在诗人眼里，梧桐树是南京城市的一种精神象征，梧桐树精神也代表着南京市以及生活在这座城市的市民精神。

驻地作家：

　Dr.Siou、Jack Hargreaves（沈如风）、马修·盖登、
艾瑞克、Liliana、穆尼尔

驻地计划作家参加创作采风活动

驻地计划作家创作成果展示

WUTONG Trees

Matthew Geden

The trees here sustain a gesture of love,
provide sanctuary
from a recollection of horrors
meted down by the past.

They soak up the persistent poisons,
unconditionally spill out the very air you breathe,
refuse to kowtow before you,
won't even remember.

The final touch of your hand
merely continue their seasonal
cycle as though you'd never existed
as if your destruction ever mattered.

梧桐树

[爱尔兰] 马修·盖登

梧桐敞开爱的怀抱

为你提供庇所依靠

将历史深深铭刻的

恐怖伤痛慢慢解消

吸进经久不散的毒药

换来处处清新的气息

从不计较回报

绝不在人前弯腰

宠辱不惊遁入尘嚣

循着四季轮回之道

仿佛你不曾来到

仿佛你不曾惊扰

【翻译:沈凌】

显然，文学南京给马修留下了深刻印象。他在感言里这样写道："到目前来说，我在南京的体验非常棒，我度过了一段精彩的时光。我是在江苏扬子江作家周开始前几天到达南京的，我有机会好好地探索这座城市。看了一些著名的文化地标、一些书店和图书馆，让我对这个地方有了深刻的印象和了解，以及明白了文学对南京的重要性。作为一名在南京的驻地作家，我希望能积累个人的体验与经历，也可以向南京当地的作家学习，将在南京的所见所闻所感写进我的诗里。"

　　驻地计划取得了很好的效果，驻地作家们的反映也出乎意料地好。

　　"他们说太好了，南京太好了。还有一个作家说，自己不想回去了，说自己是南京男孩、南京人，他不想回去了。他说，你们的城市为什么这么好？！你们怎么不早跟我们说？我告诉他说：文化交流需要一个时间过程。"袁爽回忆起作家们赞美南京的神情，开心地说。

1

1 教科文组织总部大楼远景
2 教科文组织总部会议室大厅
3 教科文组织总部一层内景
4 教科文组织总部大楼

2

4

诺奖小说家写诗赠南京

请进来的同时，南京文学还要走出去，走到更大的国际平台上去。南京需要一次华丽而惊艳的亮相。

那就到联合国教科文组织去！到西方文学的重镇巴黎去！

在本书中，我们多次提到了联合国教科文组织。这里有必要介绍一下这个组织的一些情况。

联合国教育、科学及文化组织（United Nations Educational, Scientific and Cultural Organization），简称"联合国教科文组织"，成立于 1945 年 11 月 16 日，总部设于法国巴黎，现有 195 个成员国。联合国教科文组织致力于推动各国在教育、科学和文化领域开展国际合作，以此共筑和平。它是联合国的 15 个专门机构之一，所谓专门机构，属于在联合国体系内的特定领域从事国际活动的组织，但并不是联合国的附属机构，在组织和活动上是独立的，这就决定了该机构具有独特的地位和影响力。但同时它又是一个与政治牵扯甚深的国际组织，尤其在信息与传播和文化领域。

教科文组织主要机构包括大会、执行局和秘书处。

大会为最高机构，由会员国的代表组成，一般每两年举行一次大会，大会一般在总部巴黎举行。

执行局负责监督该组织各项计划的实施，每年至少举行2次会议。委员任期4年，总干事任期4年，可以连任。现任总干事为法国人奥德蕾·阿祖莱，她也是该组织成立以来第二位女性总干事。

秘书处是日常工作机构，分成若干部门，分别实施教育、自然科学、社会科学、文化和交流等领域的业务活动，或进行行政和计划工作，各部门由一名助理总干事领导。

另外，联合国教育、科学及文化组织在包括中国在内的200多个成员和准成员国家和地区的首都设有全国委员会，作为其在各个成员国的常设机构，我国的全国委员会1979年2月19日成立于北京。我国近些年来参与该组织文化领域的活动主要集中在以下方面：世界遗产的申报和保护，保护非物质文化遗产，关于文化政策的讨论，以及参与一些文物保护方面的国际公约的制定或修订。

来自中国的唐虔博士在教科文组织工作了25年，曾经担任过教科文组织教育部门的最高官员——教育助理总干事。2017年初，唐虔博士由中国政府提名，参与竞选联合国教科文组织第11任总干事职位。尽管最终没有成功，但这是在这个联合国机构成立 70 余年来，中国政府第一次推荐自己的公民竞争其最高职位，体现了中国积极参与国际组织的姿态和越来越强的国家自信。

从 21 世纪开始，中国在教科文组织中开始了更积极地参与活动，有学者认为中国开始成为深度参与者。但以我的观察来看，这个参与过程也是一个逐渐学习的过程，甚至到今天与深度参与仍有差距。[19]

唐虔博士以其丰富的国际组织工作经验指出，当中国积极并深度参与国际组织活动时，也面对着文化差异甚至是语言差异的挑战。

外国人是以讲故事的轻松方式来阐述观点，而中国人的讲话更多的是从理念入手，有时由理念再推导出新的理念。

结果就出现两种情况，一种是外国人真听不懂，一种是外国人装听不懂。我们不应该要求外国人总能领悟我们悠久的东方文化，习惯以各种弦外之音进行表达的方式。改革开放这么多年，这种现象还存在，实在不利于表达我们的立场。[20]

唐虔由此呼吁，中国要有更多的人到国际组织工作，并且要获取更高级别的职位。中国也要深度参与国际组织活动，一是参与国际标准的制定，二是利用教科文组织等类似的国际平台，把中国经验、中国声音介绍分享给国际社会，这是大国的责任，也体现大国形象。

回到南京申报世界文学之都上来，参照其他城市的成功做法，南京有必要在联合国教科文组织举办一场有影响力的国际化高端活动，让南京及其文学走向世界。

这一次活动策划，是南京申报文学之都路上的重头戏之一，也是文学之都促进中心面对的一次大考！

于是，几位顾问大咖出场了。

文学之都促进中心出面，请到了时任南京大学研究生院常务副院长的许钧和中国作家毕飞宇代表南京出场；国际上，则请勒·克莱齐奥先生前来助阵，因为他们三位都是在法国有影响力的作家。

活动的时间定在了 2018 年的 10 月份。

到巴黎举办一次会议，并非我们想象的那么容易。因为教科文组织会议比较多，原则上每个国家每年只能在那里举办 2 场活动，我们国家这么多城市，各种各样的外事活动，2 场怎么能满足得了呢？所以南京能安排上这次论坛，也是费了很大力气的，也离不开国家外事等各个部门的支持。

经过复杂而艰苦的筹备，参会人员终于可以出发了。许钧和毕飞宇两位教授从上海出发，要在上海住一晚，第二天一大早飞巴黎；而袁爽推迟了一天，一个人从南京直飞。

"听许老师说，毕老师一路上说了我不少'坏话'，最多的就是'不懂事'。哈哈，他说的没错，两位大教授为了南京文学站台，千里迢迢去巴黎，一路上却没人照应，连个拉行李箱的都没有。"

袁爽后来才告诉两位教授没有一起同行的苦衷："那几天我女儿恰好生病哮喘，纠结了半天，还是选择硬着头皮在南京多待一天，这样可以省去在上海住宿的半天。到达巴黎时，与原定计划也只相差 2 个小时。"

好事多磨！好不容易到达巴黎的酒店，前台接待员还是个实习生，办事效率很低。那家酒店是距离教科文组织最近的酒店，交通方便，而且也比较安全，平日都是一房难求。看来在店大欺客上，中外是一理儿的。许钧老师是法语教授，在没有沟通障碍的情况下，还折腾了一个半小时才入住，估计两位老师又憋了一肚子气。

郁闷归郁闷，这两位教授还是真心来支持南京和南京文学的，也正是由于共同的目标，大家后来结下了深厚的"战斗"友谊，也彼此加深了理解。

在巴黎论坛期间，大家对许钧老师有了更为深入的认识。这位平时看上去"高大上"的教授，其实有着不为人知的"小秘密"。袁爽讲了一件许钧在巴黎"破防"的事情。

这次跟许老师一起出国，我才惊讶地得知，原来许老师不喝咖啡，不吃蜗牛，不喝红酒，不吃羊肉。你说他作为法语文学界的著名学者，这些法兰西大美食他竟然都不碰，连红酒都不喝，我跟毕老师也是无语了。

不过因为这几天我们三个人都在一起吃饭，所以我跟毕老师每次吃饭都劝他喝点儿红酒，尝一下蜗牛，品品咖啡，故意往他面前端，几天折腾下来，许老师彻底被我俩颠覆了，咖啡也喝了，还喝了两种口味。什么红酒、蜗牛也都来者不拒了。还记得有一天他长叹一声说："我许钧是何等的顽固啊，今天竟然毁在了你们手上！"然后我们三个人一顿大笑。也是，一个人这么多年保持或坚守的习惯，就这么让我俩给破了，挺逗的。

那几天在巴黎打交道的人，还有教科文组织非洲部门的负责人杜越先生。杜越是中国驻联合国教科文组织全国委员会（简称全委会）的前任秘书长，退休后任职联合国教科文组织非洲部门的部长。每个申报"创意城市网络"的城市，都是要拿到全委会的推荐函才可以，所以杜越先生对于申报工作具有宝贵的经验和权威话语。他从事国际组织工作多年，精通法语和英文，曾在巴黎留学。当初南京报文学之都，他并不十分看好，因为他知道难度太大，在绝大部分都是欧美城市的世界文学之都里面，中国某个城市的加入很难通过他们那一关。

杜越先生知识渊博，与毕飞宇和许钧见面，似乎有说不完的话，他那几天除了日常工作，基本都跟他们三个人在一起。南京的文学活动他帮了好多忙，邀请了不少在教科文组织工作的各国大使和官员参加，就连他负责部门的非洲兄弟姐妹也都来了。很多人第一次知道南京，知道南京在中国的文学地位，他们都惊叹不已。

"每次去教科文组织尤其在电梯里都是赏心悦目，流连忘返。因为在走廊里、电梯间、咖啡厅遇见个政府首脑、总理、文化部部长啥的，都是极为平常的事。"

因为总部在巴黎的缘故，教科文组织的日常交流也是法语为主，所以在里面就职的员工都至少掌握两门语言，对语言的读写也要跟母语一样自如才可以。当然，这里对形象也有特别的关注。

为了塑造出南京最好的城市形象和文学形象，促进中心的小伙伴们费尽心思操办会议，席卡怎么摆，邀请哪些人员，展板怎么放置，过了一遍又一遍，唯恐一点点的不到位，给嘉宾们留下不好的印象。

2018 年 10 月 24 日，由南京文学之都促进中心组织策划的"南京走进联合国教科文组织——世界知名城市'南京周'巴黎站开幕式暨'城市的开放与文化的多元'国际合作伙伴关系论坛"在巴黎联合国教科文组织总部举行。

以文学汇聚力量，用艺术动人心魄！

高朋满座，嘉宾云集。这一天，南京这个名字传递在联合国教科文组织总部工作人员的唇齿之间，南京的文学故事给了他们不一样的想象空间。

这一次，国际文坛大咖勒·克莱齐奥为南京亲临现场。

勒·克莱齐奥先生时年已经 78 岁高龄。之前联合国教科文组织曾数次邀请他，均被他婉言谢绝。

当天，当刚下飞机的勒·克莱齐奥先生出现在联合国教科文组织时，许多官员都感到特别惊讶。他们说连法国总统都很难约上勒·克莱齐奥先生，没想到他会愿意为南京站台。

其实，就在几个多月前，他刚刚做完心脏手术，但这一次，他和他太太特意从尼斯飞到巴黎参加论坛。刚一进大门，勒·克莱齐奥先生就请工作人员把他的药放到冰箱里，因为这个药只能冷藏保存，这让前去迎接的一大群人都有点傻眼和意外。

当然，身为一名作家，勒·克莱齐奥先生保留着他独特的风格。每次参加他认为重要的活动时，他都会穿一双黑色的凉鞋，跟季节无关，要看这个活动在他心里的分量如何。

"那一天，当我们看到他穿了那双著名的黑凉鞋的时候，我们非常地兴奋，因为显然他是重视这次活动的。他要来见他的老朋友们，还有他最牵挂的南京。"

袁爽说，每次跟勒·克莱齐奥先生见面，都是礼节性的握手，最多是法式贴面礼。可是似乎对他什么也不用多说，他都明白。他就是这样一位无须多言，心思细腻，善解人意，总会第一时间出现在人们面前的那个让人无比尊敬和爱戴的作家。

当天，勒·克莱齐奥不仅全程出席活动，一生主要从事小说写作的他还在主论坛上深情朗诵了一首自己创作的诗歌《致南京——赠吾友许钧》。

致南京

——赠吾友许钧

[法] 勒·克莱齐奥 诗 施雪莹 译 许钧 校

这首先是一条河

汹涌，绵延，绿中杂着内河水的黄

扬子江

非是它从南京穿流而过

而是南京城浮在江面上

宛若一叶系在山边的古筏

青绿的江水

分支、汇聚、交错，滋生出

长云如蛇，漫天湿润

遍笼在人类的所有造物之上

还有城里的每个居民

每一个男人、女人、孩子

都属于这条河流

属于这一廊烟波。

别忘了距今一千四百年前

诗人李白的漫长漂泊

记得他来到南京城

于凤凰台拾级而上作一声道别

当时江面银光熠熠

一如今日

"凤凰台上凤凰游，

凤去台空江自流。

吴宫花草埋幽径，

晋代衣冠成古丘。"

流水之愁涌上诗人心头

亦渗入古老的城墙

直至向天际敞开的中央门楼

它坐拥玄武湖的沉泥之岸

还有大片伸向天空的荷花

秋天，紫金山灼灼如火

触动江边儿女的心

南京是扬子江的杰作

一如马图拉诞于亚穆纳河

孟菲斯是尼罗河的造物

而巴黎是塞纳河的女儿
江河是一条独特的文化之路。

与中山的摩天大楼相对
琉璃塔倩影依稀
曾经的世界第八大奇迹
（异乡游人如是说）
越过城市上方的云雾
我听见鼓楼传来
宣告日暮的鼓声

正午，阳光下，在南秀村
毕飞宇笔下的盲人推拿师
在店门口抽着烟
嘴边挂着一抹难以参透的微笑

更远处，有时我会擦肩错过
赛珍珠长裙上的绸缎窸窣

夏日，南大校园里

老妇人蹲在地上捡拾银杏的果实

气味奇特却极尽美味

一天却不能食过十颗……

矮木丛里的瘦猫正在蹲捕小鸟

南京是我英雄的城市

她抵御过残忍的日本士兵

南京是拉贝先生的城市

他张开家门迎接被刽子手追赶的市民

南京城无时无刻不将时间重叠

无论过去还是未来

明代云锦的蔚然紫气

吴地迷人的神奇国度

龙蛇绵延而去

随云至仙林，跨扬州

直到螃蟹沉睡的沼泽

直到停满白鹭的湿地

我遇见今日的生者

和昨日的生者

彼此交谈，互相握手

机灵的出租车司机、小商小贩

街角拉琴的艺人

缝补旧衣的裁缝

学识渊博的书法家、艺术家

在这座城市的街巷之间

在丘陵与庙宇之间

在水道纵横之间

扬子江创造出了一个永恒之实

我想象着某一日天涯客李白落脚酒家

为南京写下这首美丽诗篇：

风吹柳花满店香，

吴姬压酒唤客尝。

金陵子弟来相送，

欲行不行各尽觞。

请君试问东流水，

别意与之谁短长？

这位享誉世界的文学家用最文学的方式表达了对南京的深情厚谊。诗中回眸了南京的重要历史，描述了南京象征性的景观，尤其是对李白诗歌的循环引用，造成了古今对话、中外对话的艺术效果。

我更偏好形式多元的大都市，那儿混杂多样、文化多元的人群每天都行色匆匆。我觉得这才与作家适合。时代与地点在那儿相互渗透。这些大都市，它们仍将继续扩大——它们正通往现代性最惊人的冒险：文化的混合。

伟大的文学作品打开了通往其他文化的道路，因为它们不仅是给某个民族读的，而且是给地球上所有的民族读的。这不只是所谓的普遍性的问题。这应该是关于世界和平的问题。㉑

"2018年国际合作伙伴关系论坛"在巴黎联合国教科文组织总部举行

勒·克莱齐奥先生与出席开幕式的中方嘉宾合影

早在 2011 年时，勒·克莱齐奥先生就强调文学在国际交流中的重要作用，甚至上升到了世界和平的高度。如今，他不仅这样说了，而且住到了南京，融入了南京，甚至，为南京的文学文化代言。

这首诗篇很长，当时的现场同传翻译是教科文组织的常驻翻译官，专门负责中国在联合国教科文组织的重要活动的相关翻译工作，虽然翻译起来有难度，但是他们很用心，很享受。会后，他们跑下台来跟各位老师打招呼，说今天的翻译任务很幸福，还特意说这次在巴黎是第二次给许钧教授做翻译。许老师听了也很惊讶，他都没留意到这些。由此可见，促进中心请对了许老师，我们的朋友遍天下。

来自南京的豪华嘉宾组合惊艳了联合国教科文组织。十几个国家的大使闻讯而来，自发参加了当天的活动，还有教科文组织的许多员工都跑来听会。他们说，中国的城市之中，他们知道北京、上海、香港，或许还有西安，因为那里有兵马俑。这是第一次了解南京，没想到这是一座如此伟大和有趣的城市。

围绕"城市的开放与文化的多元"这一主题，当天四位重量级嘉宾在联合国教科文组织精彩对话，现场掌声不断。

除勒·克莱齐奥先生，另外三位论坛嘉宾分别是：联合国教科文组织非洲部门协调和伙伴关系局局长杜越先生，中国著名翻译家、法兰西金质教育勋章获得者许钧先生，中国著名作家、法兰西文学艺术骑士勋章获得者毕飞宇先生。

文学对城市的开放、对文化的多元贡献卓著，21世纪呼唤跨界融合、鼓励创新发展，在这一时代大潮的强劲冲击下，谁将是一呼百应的弄潮儿？联合国教科文组织官员和作家、翻译家碰撞出一系列智慧的火花。

毕飞宇用诗意的语言赞美南京："我所有的作品都是在南京这个城市写出来的。母亲生下我，给我生命。南京'生'下我，让我成为小说家。"现场听众为之动容。

许钧用热情洋溢的法语主持了当天的活动。中国驻联合国教科文组织副代表方庆朝先生致辞，他表示南京是中国城市的优秀代表，中国常驻团将一如继往地支持中国优秀城市通过各自的创新、创意能力，展现更加立体、更加丰富、更加美好的中国形象，从而更进一步促进世界多元文化的理解和包容。

杜越先生在法语致辞中对南京给予高度肯定，他认为南京在致力中国文化"走出去"方面带了个好头。

联合国教科文组织的其他官员、法国文学艺术界代表、法国文化企业代表、法国高校及大学生代表等各界嘉宾齐聚一堂，享受着近距离感受南京的美好时间。

论坛过后，举行了优秀"秦淮故事"、南京作家婳文女士的长篇小说《琉璃世琉璃塔》和《歌鹿鸣》英文版发布

论坛期间，南京作家婳文两部小说英文版发布

会。然后，曾经旅居南京的法国人与大家分享了他们的"南京故事"。

法国摄影师尼克先生（Nicolas Harter）、法国青年夏艾茉女士（Azenor Chalmel）在南京生活学习过，他们观察南京的视角既是法国的更是世界的。

2018"南京周"巴黎站的开幕式简洁生动。在播放本次南京周宣传片后，举行了小型发布暨捐赠仪式，南京向UNESCO捐赠了精美的十竹斋笺谱。

最后压轴的是一场《和平之声》音乐会，由南京民族乐团与南京爱乐乐团的音乐家联袂演绎。悠扬婉转的民乐与自由洒脱的西乐碰撞出绚丽的艺术火花，呈现出一场中西合璧的听觉盛宴。

参加"南京周"开幕式的嘉宾倾听"南京故事"

南京举办的系列文化活动，进一步展示了城市特色，体现了城市资源禀赋优势，新华社、中央电视台，以及法国当地媒体法国广播、《费加罗报》等都对活动进行了积极报道。

这一次的走进联合国教科文组织活动，是一次重大的文化外交活动，也是南京站立在世界文化舞台上的一次自信表现，在申报过程中产生了重大的文化意义和国际影响。尤其是勒·克莱齐奥先生的出席，更是产生了极为强烈的轰动效应，因为他本人就是文学性与创新性的最具说服力的代表。也是这一次活动，把申都的热烈氛围推向了一个高潮。

"巴黎的活动比预期的复杂，更比预期的精彩，有惊无险地完成了，各方都很满意，我也总算能安静下来。"

活动结束后大家到了一家法式餐厅，准备庆祝一下，可是坐进了餐厅，袁爽才发现竟然没有一点儿精神，甚至连说话的力气都没有了。她帮大家点好了菜，看到各位都很开心，也不忍心离开去休息。

由于活动很成功，又是在巴黎这个夜晚比白天还浪漫的地方，大家都保持着兴奋的状态，气氛异常和谐。这时候，有个卖花的法国姑娘出现在他们桌旁，毕老师竟然招手喊过姑娘来，买了一束花送给袁爽。"估计他看我不在状态，这几天又实在不易，可能想鼓励犒劳一下。好吧，效果很到位，男神送花，无比激动又要保持镇定，功力恢复一大半。"

第二天早晨，睡过了一觉的袁爽又满血复活了。"大家可能很羡慕我的工作，满世界飞，还都是欧美的知名城市，可是大家不知道，我到了哪个城市，几乎都是在酒店和会场度过的，很少出去逛街购物之类的。就像这次在巴黎一样，活动结束了，我停留半刻的心思都没有，我要第一时间飞回国，或者飞往下一站。是工作，更是任务，像打仗一样。申报没有成功，什么美景美食都失去吸引力。"

这一天，她又一次做了"不懂事"的事，她先飞跑了，继续让两位老师乘坐后面的航班。不过这次稍微好一点，就是安排了所有的同事陪同，随时听从吩咐。

"航班定在早晨 8 点 40 分，早晨 4 点钟我就起来收拾行李，大概 5 点 30 不到，就到 1 楼的餐厅用餐，可是我看到毕老师已经在那里了，我知道他是想跟我道个别吧，看我一个人这么早离开太孤单？过一会儿，许老师也下来了，他们是下午的飞机，没必要起来这么早，显然他俩是商量好的来送我。"

匆忙吃完早餐，两位老师一个人帮袁爽提一个行李箱，送到出租车的后备厢，让袁爽荣幸又感动。

"无须过多的语言表达，行动就是最好的语言，我知道，他们看到了申都路上的艰辛和拼搏，两位老师也用行动告诉我，他们一直都在支持我们。这些年，很多人也是这么支持我们这群小伙伴的！"

飞机起飞，城市渐渐远离。隔着舷窗，埃菲尔铁塔清晰可见。

再见，巴黎！

还要见，浪漫的巴黎。我们会回来的！

巴黎街头

第五章

『西游记』之步步惊心

2019 年 5 月 26 日上午，中国 12 个"创意城市网络"城市代表在南京召开了会议。

这是一次总结会，也是一次誓师会。

南京申都工作所取得的进展和成果，受到与会各方的一致认可。杜越先生在会议上旗帜鲜明地表示，"文学之都"在"创意城市网络"七大门类中含金量最高，南京能代表中国申报"文学之都"值得尊敬，应该受到中国各成员城市的支持和帮助。

他还号召全国"创意城市网络"城市积极行动起来，为南京申报"文学之都"积极拉票、贡献力量，以"创意城市网络"的蓬勃发展为中国文化"走出去"增添新的样本。

根据联合国教科文组织的要求，申报"文学之都"需要提交申报表、全委会推荐函、市长公函、两个国家级专业机构推荐函、三张能代表城市申报领域的照片、三个链接等材料。

与此同时，市长公函、中国现代文学研究会推荐函、中国作家协会推荐函也陆续到位，中国联合国教科文组织全委会推荐函在 6 月 17 日国内评选会后提供。

其他材料方面，完成"文都·南京"中英文画册（包括普通版和精装版）；申报宣传片《南京文学一日》拍摄完成；

完成文创笔记本《诗里南京》的开发制作，并得到全委会的赞许和认可。

万事俱备只欠冲锋。天下文枢的南京城，向着世界文都的目标前进。

这些城市，都叫"世界文学之都"

在南京申报成功之前，联合国教科文组织"创意城市网络·文学之都"有 28 个成员城市，它们均对南京申报"文学之都"具有投票表决权，因此南京需全力争取它们的支持。

根据中国联合国教科文组织全国委员会对南京申报"文学之都"的指导意见，为增加南京与世界"文学之都"城市的人文交流，2019 年 1 月至 9 月，南京组织代表团密集出访，开始了一场向世界推销南京文学的"西游记"。

这次拜访分成了四条线路，拜访对象基本是欧美比较活跃的城市。

"教科文组织当然不会给我们城市名单、联系方式的，那么多城市都在申报，他们要保持中立和平衡，但对于我们来说，能争取一家是一家。毕竟，等到了投票的那一刻，这些城市的代表如果只看书面材料，对你南京是没有概念的。"

回忆起那场"西游记"，袁爽用了四个成语来概括：马不停蹄、苦口婆心、目不暇接、精疲力竭。

1 月 20 日至 23 日，代表团一行 5 人拜访了冰岛首都雷克雅未克市。

雷克雅未克 2011 年加入"创意城市网络"，是第一个非英语母语国家的"文学之都"。

申都中心前期做了大量的联络和调研工作，顺利获得该市文学之都办公室的邀请函。会晤在该市市政厅进行，雷克雅未克共有 4 人参与会晤，其中文学之都办公室 2 人，市立图书馆 2 人。该市文学之都办公室只有 2 名工作人员，却同时运营着多个跨领域跨部门的项目，并与全球其他 27 个文学之都城市保持着紧密联系。

文学之都办公室负责人 Kristin Vidarsdottir 首先介绍了该市申都的艰难历程，建议南京要积极对接各网络城市大胆发声。Kristin 还分享了该市的亮点品牌活动，如开发"文化行走"免费 APP、针对儿童的阅读活动等。代表团则介绍了南京概况及城市的发展战略，尤其着重推介了南京在文学领域的资源禀赋和独特优势。雷方赞赏南京的申都工作正走在健康有效的轨道上，他们相信并祝愿南京能够申都成功。雷方对南京开展的驻地写作计划很感兴趣，并为南京申都提出了具体建议。

1 月 24 日至 25 日，访问团到达利勒哈默尔，它是挪威著名的文化和体育中心，于 2017 年加入"创意城市网络"成为"文学之都"。该市人口虽然不到 3 万，却有着深厚的文学积淀，有 3 位诺奖级作家与该市密切相关。《培尔·金特》是现代现实主义戏剧的创始人、挪威著名戏剧家易卜生创作的最具文化内涵和哲学底蕴的一部作品，经格里格谱曲后成为国际戏剧舞台常演不衰的经典之作。围绕《培尔·金特》，利勒哈默尔每年春夏都举行展演艺术节，全世界的专业和业余团队都会蜂拥而来，在山谷、湖畔、公园等自然环境中进行演出。

南京的代表受到利勒哈默尔文化事务办公室负责人 Olav Brostrup Muller 的热情接待。Olav Brostrup Muller 介绍了利勒哈默尔的文学传统，他说《培尔·金特》就是根据利勒哈默尔的民间故事创作而成，故事的许多场景就发生在利勒哈默尔的山村，因而有着深厚的挪威文化积淀。Olav Brostrup Muller 还介绍了该市针对年轻人、针对儿童、针对特殊人群等开展的阅读项目，他很高兴南京作为中国城市的优秀代表能够申报"文学之都"，并期待与南京有更多的合作和交流。

4 月 11 日至 25 日，代表团出访英国爱丁堡、诺里奇、曼彻斯特、诺丁汉和爱尔兰都柏林。

爱丁堡是世界上第一个获评世界文学之都的城市。

这里有地球上最大的文学节日——爱丁堡国际图书节。苏格兰国家图书馆（National Library of Scotland）创立于

1689 年，是国家收藏机构之一，它的"珍宝"包括一些历史文物、舒适的咖啡馆、700 万册书籍，以及 1400 万张印刷品、200 万幅地图，其中比较知名的文物如《古腾堡圣经》、查尔斯·达尔文提交《物种起源》手稿的信、莎士比亚的第一本书等。

"1904 年 6 月 16 日，一个名叫利奥波德·布鲁姆的人在爱尔兰的都柏林街头漫步。他从实实在在的街巷，迈进了文学巨匠詹姆斯·乔伊斯的小说《尤利西斯》。从布鲁姆迈出的第一步开始，整个世界就注定要为都柏林的精彩干杯。"㉒

1954 年，一群"乔粉"把 6 月 16 日那天设为"布鲁姆

拜访爱尔兰都柏林

日"，他们在都柏林的街巷和广场上追寻布鲁姆的足迹，并朗读《尤利西斯》的片段。多年来，这个节日不断发展壮大，已经成了爱尔兰甚至世界文学界的重要活动，永远有人在为去都柏林埃克尔斯街7号做准备——那是布鲁姆曾经的住所。尽管老房子已经不在了，但那块纪念性的铭碑必将永远存在。许多文学创作者愿意追随布鲁姆的足迹，或者说是乔伊斯的足迹。他们将永远谦虚地尾随，尾随着以都柏林文学为代表的巨大的爱尔兰文学传统。

访问期间，工作组分别拜访了当地开展"文学之都"项目的相关部门，与当地文学之都办公室进行专项工作座谈，实地调研当地作家创意写作中心、文学活动中心、城市图书馆、知名大学、文学书店及专业协会等，有效学习了各城市在发挥"文学之都"品牌价值方面的宝贵经验和成功案例。通过在当地举办"文都·南京"推介会，面向五个文学之都城市的政府文化官员、活动组织者、知名作家、汉学家、高校教授、文化企业家等文学领域专业观众，重点围绕南京在文学领域的资源禀赋、在国际交流领域的文学品牌活动及与相关城市间的合作项目等方面开展推介交流工作。

诺里奇作家中心主任 Chris Gribble 对南京的国际文学家驻地计划很认同。该市也开展了同类项目，他们的办公地就

拜访英国文学之都诺维奇　　　　　　拜访英国文学之都曼彻斯特

有一个可接待两位作家驻留写作的公寓。有两位韩国作家当时正在该市，他们觉得驻地写作计划很有意义，能让参与者有意外收获，他们希望有机会能体验南京风情。

曼彻斯特文学之都办公室主任 Bethan Evans 及该市诗歌协会会长表示，曼彻斯特 2017 年在几个英国文学之都帮助下申都成功，其申都口号是"学习城市 包容城市"，曼市结合多种族、多移民城市特征举办文学活动的鲜明特点最终打动了评委。有鉴于此，两位专家叮嘱工作组一定要深刻体会"创意城市网络"的宗旨和目标，在城市具备申报条件的同时也要考虑到加入后的贡献和作用。

这五座城市的文学之都负责人均为"创意城市网络·文学之都"国际评审小组的重要成员，尤其是都柏林和诺丁汉，它们分别是 2018 年和 2019 年"创意城市网络·文学之都"

的协调员（组长），能够与他们面对面沟通对于南京意义重大，他们也表达了对南京的高度重视和支持。两位负责人均强调，他们特别重视南京的来访，专门为此做了长时间的准备。诺丁汉文学之都办公室副主任 Carol Barstow 表示，诺丁汉第一次如此深入地了解南京，这有利于他们今后向其他文学之都城市宣传介绍南京。

五个文学之都的参会代表都充分肯定南京的城市底蕴和文学资源，对南京两年来的申报筹备也表示赞叹。都柏林文学之都办公室主任 Alyson Lyons 还答应帮助南京修改申都报告，全方位与南京分享他们的成功经验，全方位进行文化交流合作，也愿意向其他文学之都城市积极推介南京。都柏林文学之都办公室主任 Alyson 、诺丁汉文学之都办公室主任 Carol Barstow、爱丁堡文学之都信托基金会理事长 Ali Bowden 均表达了对南京申都工作的支持并提出了宝贵建议。

6 月 28 日至 7 月 5 日，出访西班牙格拉纳达、巴塞罗那和捷克首都布拉格。

位于西班牙的格拉纳达市也是联合国教科文组织认定的"文学之都"，大文豪维克多·雨果曾这样赞美格拉纳达："没有一个城市，像格拉纳达那样，带着优雅和微笑，带着闪烁的东方魅力，在明净的苍穹下铺展。"

拜访格拉纳达市政厅

　　格拉纳达是一座见证了各种文化冲突碰撞、融合共生的古老城市，也见证了西班牙乃至欧洲上千年的发展历史。近两个世纪，随着西班牙帝国的落日余晖，格拉纳达也逐渐失去了光彩。至此，在失去政治与宗教地位之后，现代的格拉纳达又因阿尔罕伯拉宫而闻名。而这源于文学对格拉纳达的重新发现。美国文学之父华盛顿·欧文曾于1826年在格拉纳达住了四个月，在宫室与廊道里徘徊，倾听摩尔人幽魂的故事；和附近的居民交谈，收集各种民间传说，写下了《阿尔罕伯拉》。除此之外，还有描写那场著名战争的《征服格拉纳达》。

世界上以一个诗人的名字为机场命名的地方大概不多，而格拉纳达选择以这样的方式来纪念诗人费德里克·加西亚·洛尔迦。洛尔迦是二十世纪西班牙著名诗人、戏剧家，主要诗集有《吉普赛人谣曲集》《诗人在纽约》《最初的歌》等。

格拉纳达每年都会举办诗歌节，让民众自由参与诗歌节的活动，比如公共读诗活动。60位诗人会来到格拉纳达25个不同的书店，在晚上6点至9点期间，进行至少15分钟的诗歌创作与阅读。市民可以根据自己喜欢的诗人或者诗歌风格参与到不同的活动中。除此之外，格拉纳达还有女性诗

格拉纳达文学之都办公室

格拉纳达城市风景

歌会、青少年诗歌会等诗歌组织。

格拉纳达在"创意城市网络"拥有很高的威望和话语权。因为得到都柏林文学之都办公室负责人 Alyson 的介绍，格拉纳达文学之都办公室负责人 Jesus 非常热情地接待了南京代表团，并对南京成功申都寄予厚望。经过 2 个多小时的深入交流，双方各自了解了两个城市的城市概况、资源优势和文化项目。格拉纳达已经在当地发布了南京的文学家驻地计划，也积极响应南京即将举办的"一带一路"国际文学论坛，并表示全力支持南京申都。

捷克布拉格文学之都办公室的负责人是中心图书馆的馆长 Tomas，文学之都的各项事务由其助手 Katerina 具体负责。Tomas 和 Katerina 在中心图书馆会议室热情接待了南京工作组，带领参观了图书馆以及位于图书馆旁边的布拉格市政厅，并介绍了他们的组织结构、城市概况和发展现状，该市文学之都的工作主要依托于中心图书馆。布拉格文学之都办公室表达了对南京申都工作的理解和支持，他们深知申都非常复杂和艰辛，勉励南京坚持到底。

8月26日，在首个以法语为第一官方语言的加拿大文学之都城市魁北克，促进中心受到当地文学之都城市负责人Mylene及文化部门领导的热情接待。

魁北克城是加拿大魁北克省的首府，坐落在圣劳伦斯河与圣查尔斯河交汇处，也是北美地区唯一留有古城墙的城市。魁北克城分为上城和下城两部分，上城多为豪华宅第和宗教建筑，最古老的城市核心则集中在下城，上下两城由一条空中缆车连接。这座号称拥有100多个行会、出版商和书商的城市是北美法语文学的核心。阿尔伯特·加缪（Albert Camus）、查尔斯·狄更斯（Charles Dickens）、惠普·洛夫克拉夫特（H.P. Lovecraft）这些著名作家们都不约而同地被这座以文学著称的城市深深地迷住了。除了10月份"文学之家"（Maison de la Littérature）定期举办的一些作品展览等活动外，这里还举办了魁北克的"文学节"（en Toutes Lettres literary festival）。

拜访西雅图

8月28日，在2017年新加入"文学之都"并活跃于"创意城市网络"的西雅图，促进中心在当地最大的公共图书馆举办了城市推介会。

9月3日上午，促进中心代表与西雅图文学之都的代表克里斯（Chris）及其同事在当地图书馆进行了会晤。促进中心介绍了南京近两年开展的一系列工作，特别推介了驻地写作计划、文学作品翻译资助计划及2020年南京名城会等项目。

9月3日下午，促进中心代表又前往著名的爱荷华大学国际写作中心，受到中心负责人约翰·肯扬（John Kenyon）的热情接待。

爱荷华城在2008年11月19日被联合国教科文组织命

名为"文学之都",这是一个人口不到 6 万的极其典型的美国中西部小镇,却培养了一批美国最优秀的写作人才。

在众多的世界文学之都中,韩国富川是亚洲唯一的入选城市。富川位于韩国首都首尔特别市西部地区,是连接首尔和重要港口仁川之间的纽带,繁华的文都富川一直是许多著名作家的故乡,包括莫伊辛、杨贵佳、郑智勇和美国作家赛珍珠(Pearl S. Buck)。赛珍珠曾以韩国为背景写过两部小说,并在 20 世纪 60 年代与朝鲜战争孤儿一起在富川工作。自 2006 年以来,这座城市举办过赛珍珠节、富川图书节和 Suju 文学节,致敬深受爱戴的本土诗人杨荣罗(笔名 Suju)的作品。

在韩国首尔举行"文学对城市可持续发展的贡献"双城文化交流会

拜访韩国文学之都城市富川

9月25日至29日在富川书展期间，促进中心派员前往富川举办城市推介活动。在韩期间，南京代表一行4人调研了世界遗产昌德宫和景福宫建筑群，走访了首尔街头的特色书店，在首尔大学面向大学生、当地作家和文学爱好者，举办了"文学对城市可持续发展的贡献"双城文化交流会。

短短8个多月时间里，出访团走遍了欧洲、美洲、亚洲的14个"文学之都"城市。

每到一地，促进中心都努力携同当地市政府、文学之都办公室、高校社团、文化协会及文化企业等，举办双城文化交流会、城市伙伴关系座谈会、作家作品分享会等城市推介

1

1　拜访波兰克拉科夫
2　拜访英国诺维奇办公室
3　拜访布拉格卡夫卡书店
4　拜访爱尔兰科克

2

3

4

活动。各城市文学之都机构负责人均出席并现场分享创建经验和案例。申都中心还与各文学之都办公室具体磋商了项目合作，就未来深入进行文化交流等事宜，进行了卓有成效的沟通，得到各城市负责人的积极响应和赞许。

当然，城市和城市之间的交流，归根到底还是人与人之间的交流，文学乃至文化的相互联通。

"我们代表南京文学，在这个欧美城市为主导的网络里去表达诚意，希望从中获得公平而有尊严的展示机会，那么最终还是会落到人与人最直接的沟通和交往。"

"通过去每个城市的拜访与推介，深刻感受到每个城市之间的差异巨大，每个城市的工作团队的风格也不尽相同，但是工作的专业度，对网络的认识和宗旨都是高度一致的。他们都清楚我们的用意，有的城市热情款待，和盘托出；有的当作外事接待，走个程序；有的当作商业合作伙伴，带我们去看他们的特色产品；有的把我们当作知心朋友，我们一起促膝长谈。因为之前网络里没有中国的会员城市，所以他们最初的态度普遍是谨慎和矜持，而且我们去拜访每个城市也是公开的秘密，他们在社交媒体上也都会讨论和发布消息。在公开透明的自媒体下，我们的举动都是在明处，所做的一切都是正直而体面的。因为时间的关系，我们没办法跑遍每一个城市，所以就要向没办法拜访的城市表达诚意，同样寄去材料，寻求理解和支持。"

申报路上困难和幸福结伴而行，收获的幸福感可以治愈挫折与绝望，鼓舞着大家一路向前。但最终，无非是接受和认可，真诚和实力。

南京的真诚与实力，也让袁爽他们结交到了一批外国友人，他们热情地伸出了援手。

爱尔兰文学之都负责人 Alyson 是南京申报路上给予帮助最多的人之一。她在当地的图书馆办公，一楼是当地文学之都的展厅，展示着从古至今的名人名作，有书有手稿有照片。展厅里还有文学品牌活动的照片。袁爽到达之后，Alyson 把大家请到三楼她的办公室，开始了 4 个小时的长谈，本来没计划这么久，可是好像话题总是自己跳出来，然后就是说不完的话，像是之前就认识的老朋友。Alyson 有一双淡蓝色的眼睛，金色长发，非常迷人，谈起工作也是充满智慧，专业又风趣。这一次的拜访，让南京的客人们留下了温暖的印象。

就是因为那次的融洽相处，后来南京撰写申报文稿，她也第一时间发来指导意见。接下来的西班牙和葡萄牙的文学之都，她也帮南京提前发邮件打招呼。

Alyson 帮助南京乃至中国的文学发展还不止这一次。在她的引荐下，南京文学之都促进中心有机会推荐作品参加"都柏林文学奖"评选，这项文学奖的奖金是 10 万欧元，欧洲最高，在此之前，还没有中国的作品参选。南京文都中心推荐中国作家周大新的作品《天黑得很慢》，2021 年最终选入长名单，作为中国首部入选作品角逐奖项。

"人生的邂逅都像命运安排好的一样，我们谁也无法预知后来，但是有标准有温度的待人接物一定不会做错。"一路走来，这是袁爽发自内心的感叹。

巴黎圣母院起火了

　　这次漫长的"西游记"，袁爽一个人就跑了 18 家文学之都城市。

　　她是中国南京文学之都促进中心的联络人，只要身体还吃得消，她一定要到场。这一时刻，她代表的不是个人，是南京，是中国。

　　在很多人看来，去这么多的欧美国家转一圈，是多么惬意的事啊。袁爽摇摇头说，这不是旅游，背负着巨大任务，一点旅游的心思都没有。"我在瑞士生活了四年，该走的欧洲城市都走过了，从来没有这一次的紧张、紧绷和疲惫。"袁爽描述四处奔波的状态是，每天都在坐火车，几乎一天赶一个城市。宾馆每天都在换，几乎记不起宾馆长什么样子了。她拉着一只很大很沉的箱子，里面装满了宣传册、有关南京的书籍，甚至还带着南京的雨花石，这是从中国一路拉过来的。送给外国友人的还有南京可一书店出品的《红楼梦》文创产品，老外们也很喜欢。

　　"每到一座城市，无论多累，还要打起十二分的精神，把最好的形象送到人家面前。因为这是中国的面子，南京的形象。"

为了让对方感受到南京的诚意，袁爽和团队事先都详细做好功课，这个城市有什么文化历史？负责接待的人是谁？说法语还是说英语？我们应该怎么表述南京更好一些？

西方的会见和接待不像我们中国那么烦琐和冗长，短短一两个小时，谈完了，会面也就结束了。回到宾馆房间，她的脑子里还一直在高速运转着：我刚才介绍的情况有没有遗漏？有没有哪句话说错？要不要再去补谈一次？下一步怎么办？

当然，除了心累，他们的西行之路还碰到了心惊的事儿，那就是三把火！

第一场火：曼彻斯特火车起火了。

这是一列从曼彻斯特开往伦敦的火车，刚开出去没多久，忽然停了下来，这一停就停了50多分钟。什么消息也没有，袁爽急得不得了，唯恐耽误后面的行程。后来乘务员才告知旅客，火车前部的某一节车厢发生了火灾，好在及时扑灭了，没有造成人员伤亡。但是，因为检修等原因，一直趴到了现在。乘务员还说，这是这趟列车运行以来第一次发生火灾。算是中了头彩！

第二场火：卢浮宫展馆冒烟了。

卢浮宫位于法国巴黎市中心的塞纳河北岸，位居世界四大博物馆之首。始建于 1204 年，原是法国的王宫，居住过 50 位法国国王和王后，是法国古典主义时期最珍贵的建筑物之一，以收藏丰富的古典绘画和雕刻而闻名于世。其中著名的展品有雕塑断臂的维纳斯、达·芬奇名画《蒙娜丽莎》。

袁爽去卢浮宫不是看展览，而是希望联系一处展厅，举办一场推介南京文学文化的活动。可是还没等找好场地，展馆里面的火警突然响了。"我当时还不知道怎么回事呢，马上有工作人员跑过来，指挥大家跟着走。因为卢浮宫很大，不可能几步就跑到户外的，他们指引的方向竟然是地下！"

2017 年，卢浮宫曾经发生过两次火灾。一次是闪电导致起火，烧毁了三幅名画和一个展厅的海上沉船展品。另一次火灾发生在地下的技术室，幸好没有造成大的损失。看来管理方吸取了教训，遇到火警并不慌乱，而是快速引导游客往地下通道里跑。

"说是逃生通道，其实就是影视剧里看到的那种大水管子，欧洲的下水道都很大，人可以在里面直着腰跑。当然逃生通道里是没有水的。"

跑了很久，到达了地下水管的尽头，跨出安全出口，发现竟然来到了卢浮宫前面的大草坪。站在草坪上回头一看，

世界文都 南京密码

卢浮宫里某一处建筑上空冒出了一股黑烟。

好在惊魂一场，火灾隐患并没有酿成大火。不过，也不敢在这里办活动了，后来联系了另外一个空旷的场地。

第三场火：巴黎圣母院起火了。

巴黎圣母院的那场火，世界瞩目。

法国当地时间 2019 年 4 月 15 日，巴黎圣母院起火。当时，圣母院正在进行修缮工作，火焰突然开始燃烧。火势不断扑向四周被施工脚手架围起的屋顶，很快吞没了教堂顶尖。由于教堂支撑屋顶为木质结构，顷刻间教堂屋顶被大火焚毁，出现大面积崩落，其标志性塔尖也在大火中倒塌。

这座始建于 12 世纪的建筑，是法国著名作家维克多·雨果经典小说《巴黎圣母院》的情节场景，也是法国游客最多的地标建筑之一。德国总理默克尔甚至将其称为"法国和欧洲文化的象征"。

"我当时正在曼彻斯特，刚从酒店出发去往火车站，抬头看见火车站的大屏上，巴黎圣母院的那个标志性尖顶正在燃烧。我惊呆了，感觉不像是真的！"袁爽说。

成千上万的巴黎人和游客聚集在塞纳河的河岸上，震惊地看着大火正吞噬着这所全世界著名的教堂。许多人目睹此景潸然泪下，一些人跪在桥面上为圣母院祈祷，还有人朝圣母院方向唱起圣歌。在燃烧了近 15 个小时后，巴黎消防部门宣布大火被全部扑灭。虽然大教堂的主体框架和长方形塔楼被保住，但整座建筑仍受损严重。

法国总统马克龙表示，巴黎圣母院起火，触及整个国家的情感。

按照行程，第三天，袁爽他们赶到了巴黎，她一定要去看看这座世界闻名的建筑到底怎么样了。接近圣母院街区的时候，袁爽看到好多人都往那里赶，可是人群渐渐拥堵起来，街区开始封闭了。街头有一些艺术家摆设着广告灯箱，号召人们为巴黎圣母院重修捐款。天还没完全黑，人们就这么站在街头，眺望着圣母院的方向。黄昏的巴黎，笼罩在了一种莫名的忧伤之中。这一刻，建筑学出身的袁爽感受到，建筑是有生命的。她更深深感受到，文学的力量可以穿透物质，与时光永恒，埋藏在人们的心中。

与这些起火的小插曲相比，袁爽此行最大的收获是观念的触动和对文学之都的重新认识。

"我们发现，那些被评上文学之都的城市真的不是徒有虚名，无论它们的城市规模大小。无论它们是首都，还是小城，对文学的热爱是真诚的，城市的管理者对文学之都的品牌是极为重视的。"

他们到达一个城市，一开始还担心路不好找，可是一提起文学之都，当地人立刻就指明了方向。原来，他们的文学之都中心基本都设立在城市的文化地标之处。就像一个城市的火车站一样，让市民一下子就能想起，一下就能找得到。

比如英国文学之都曼彻斯特，文学之都中心设立在当地最大的图书馆里。而诺维奇，是腾空了一座百年老建筑的所有商户，专门设立了文学中心和作家创作的驻地。

西班牙的文学之都格拉纳达，本身就是一座美丽的城市，文学之都文化中心更是建在了市中心。负一楼是展厅，一楼是文创产品，二楼是名人手稿，三楼是活动中心。而站立在活动中心的大窗户前向外望去，左边是肃穆的教堂，右边就是茫茫雪山，全城最美的风光尽收眼底。

"在格拉纳达三楼的活动教室里，我们看到一些残障人士在上舞蹈课。专业的老师在教他们跳舞，这些老师都是持有专业证书的志愿者，很多都是当地有名气的大人物。老师说他们更需要释放，千万不要认为身体残疾，不方便运动就不需要运动，我们更要给他们提供关爱和机会，帮助他们释放自己，打开心扉，拥抱生活。"

文学之都的美丽让袁爽印象深刻，而这些城市的文学文化理念更让她大受启发。文学是市民的文学，是与一个城市的生活融为一体的。这样的文学之都，市民才会为之骄傲，文学才会深具生命活力。

"还有一次，我们到了爱尔兰的文学之都，市政厅的领导接待我们的第一站不是去会议室会谈，而是直接去图书馆看话剧。一个小时的表演，三名专业演员，五六个场景，讲述了一位刚退休的老人的生活日常，表演非常精彩。市长说这是为欢迎我们安排的首演，他希望通过话剧让我们感受市民对文学的热爱和整个城市的文学氛围。这也成为我们所有拜访中印象最为深刻的一次，我们记住了那场话剧、那个故事，还有那座城市。"

每一个世界文学之都，都有不一样的精彩和创新之处。对于很多城市来说，文学与城市生活密不可分，甚至融入了城市的血脉，影响着人们的日常生活。

书的前半部分，我们讲到了南京第一个接头城市，波兰的文学之都克拉科夫。在伦敦书展接上头之后，袁爽他们后来接受邀请，正式前往波兰，拜访了这座城市。

克拉科夫市政当局在市政会议厅高标准接待了来访团，分管文化的市长助理、文化局局长、外联局局长和文学之都的办公室主任分别作了推介。南京也表达了城市合作交流意愿，希望克拉科夫能够支持南京的申报工作。

由于上次在伦敦书展见过面，所以大家特别亲切，访问可以说是非常成功。之后，就在市郊的一个中餐馆吃了个工作餐，当天天气很好，大家就在室外团坐在一起，边吃边聊。餐桌在三楼，所以是个不错的观景台。餐厅的对面是一个足球场，场地上有一组大概十几个孩子在踢球，偌大的场地显得孩子特别渺小，好像也没发现有老师在上课。

"我们都在看这群孩子，他们服装一致，个个瘦瘦白白的非常可爱，特别养眼。餐厅老板说，这的人特别喜欢生孩子，一般家里面有三个是标配，四个算正常的，而且这里的男人也很顾家，愿意回家陪孩子玩，他们这样的踢球几乎是每天的运动，每天都要3个小时以上在球场上，怪不得人家国家足球队厉害。"

克拉科夫非常美丽，文化娱乐类活动或比赛特别多，都是政府出资组织，鼓励市民参加。这里还有一个欧洲仅有的特产，威士忌酒，这里的威士忌里面有一根草。

大家参加完政府会议后都特别疲惫，再加上有时差，其实也都不是太想吃饭，但是又怕影响别人情绪，所以都在坚持把饭吃完。看着大家疲惫的脸，我建议品尝一下当地的威士忌，里面带一根草的那种，餐厅里面确实有，但是只有每瓶1.5L的。这时候，服务员上来一大罐苹果汁，示意我们把威士忌倒进苹果汁里面一起，一大罐苹果汁加半瓶威士忌，看上去蛮不错的，我们也都不扫兴，每人喝了一杯。苹果汁又凉又甜，加上威士忌稍微有点怪，但是很容易入口！大家都聊着今天会议上的事，显然对政府的组织接待比较满意，不知不觉喝了不少，估计不少人把这个当饮料喝了。喝完酒还要把这个草吃掉，女同志都不敢，后来都没浪费，被胆大的吃掉了。

克拉科夫的威士忌给大家留下了深刻的印象，文学之都看来不能仅仅讲文学啊，衣食住行皆是文章。要是李白来到了克拉科夫，品尝了这种奇怪的带草的酒，不知道又能写出什么样的诗句来呢？

这件事还有后续故事。第二年，克拉科夫代表团来南京回访，带了三样礼物：一本书，一双袜子，还有一瓶威士忌，就是里面有一根草的那种！大家一看就笑了，看来，他们深深读懂了中国人的心。

克拉科夫的"一根草"，为"西游记"留下了一个梗，也为疲惫的奔波之旅增加了几分乐趣。

近一年的密集拜访，让访问团深刻体会到其他"文学之都"城市有太多值得学习借鉴的地方，也扎实收集到了第一手宝贵资料，收获了大量的申报经验和信息。

这一次访问把握时机主动对接，及时了解"创意城市网络"内部动态，赢得诸"文学之都"城市对南京的大力支持。

雷克雅未克文学之都负责人主动介绍了"创意城市网络·文学之都"的最新情况：

2019 年被推选为组长的是英国诺丁汉市，斯洛文尼亚的卢布尔雅那被选为副组长城市，另外还有三个城市分别牵头三个方面的工作，即冰岛的雷克雅未克负责牵头跨界融合及项目合作，新西兰的达尼丁负责牵头文学之都整体的品牌形象宣传和推广，西班牙的格拉纳达负责牵头新伙伴城市的

拜访冰岛文学之都雷克雅未克

融入。这些信息对于南京申都具有很强的指导意义，对开展外联工作来说很有价值。

组长、副组长城市对其他文学之都城市有较强的影响力，他们的意见可以在口口相传中影响到其他城市的判断，且当评选出现意见分歧时，他们的选择是决定性的；分管领域内牵头的城市也有一定的辐射作用，且通过和这些城市建立联系，南京可以更好、更快地融入文学之都的体系，甚至在申报阶段就可以和国际文学之都城市开展一些项目合作。

"西游"之行积极在国际文学之都"朋友圈"发声，向各城市文学专业群体推介"文都南京"，提前在"文学之都"城市树立南京乃至树立中国的美好形象。

在与"文学之都"城市交流时，工作组发现，各城市对中国、对南京的城市和文化了解都十分有限。因为不了解所以不理解，更谈不上喜爱或认同。理解上的隔阂只是其中一个方面，如果再加上国家站位、利益驱使和历史根源等因素，问题就变得尤为复杂。

"每次在介绍南京的时候都会得到赞叹或是对方惊讶的目光。的确，南京的历史地位、文学成就、城市规模、科教实力、创新发展等方面都非常耀眼。但也看得出，他们对中国、对南京的了解非常有限。记得在巴塞罗那拜访期间，对方向我们展示精心准备的中国图书，想给我们一份惊喜，也的确把我们给惊到了：作为欧洲的文化出版中心，在这座城市中广为流传的中国图书竟是所谓前卫的艺术书籍，书中的图片多是梳着短发、拿着烟斗、满是文身的少女。在他们的印象里，中国仍旧是一个神秘而遥远的国度。好吧，我们当时的第一感觉就是这个文学之都的桥梁应该早点搭建，我们来晚了。"

来晚了，换句话说，来巧了！来得正是时候，补上这一课还不算晚。当这些城市负责人了解到南京有深厚的历史文化底蕴和强劲的发展实力时，不由地纷纷为南京点赞。

各城市积极支持推荐作家参加南京驻地写作计划，并表达了 11 月来宁参加"2019 中国江苏·扬子江作家周国际文学论坛"的意愿。格拉纳达文学之都办公室负责人表示，"文学之都"网络需要东方城市的加入，无论从体量、资源、发展各个层面来看，南京都是最好的选择。各"文学之都"城市都承诺将在欧洲乃至全球大力推介南京，进一步助力南京提高国际知名度和影响力。

"交流沟通才能产生理解和融合，谈起文学，大家感到有了共同的话题和语言。文学之都城市也为南京申都的冲刺工作提供了切实可行的建议和意见。"袁爽说。

博采众长，为我所用！工作组也从各家城市的做法上学习到了"创意城市网络"的核心理念和宗旨，这对南京进一步熟悉国际舞台，进一步讲好南京故事，助力中国文化"走出去"起到了重要作用。

9 小时内发出，此信情义无价！

不是南京一座城在"战斗"！

在南京团队奔波于世界各地，一一拜访已经获评世界文学之都城市的时候，世界上还有 20 多座城市的代表也在四处奔走，像南京一样，他们也在申请成为世界文学之都。

"我们知道真正的较量其实在暗处，看不见摸不着，却感到硝烟弥漫，火星四溅。有的城市接待我们的时候是很热情的，可是最终投不投我们，不到最后一刻，谁也不知道。"

按照评审规则，每个文学之都城市都有投票权，对于申报结果起到至关重要的作用，这也是申报过程中最大的挑战之一。全球申报的城市很多，各城市代表都在拉票，很多城市文化相同，彼此熟悉，对中国则难免有质疑。我们说过，在南京之前入选的 28 座文学之都城市，有 21 座来自欧美国家，而南京的重点和难点就是联系拜访这 21 个城市，还要争取说服他们。

"每种文化都渴望被认同，这也是西方国家多年来对外输出价值观、传播文化理念的国际表达方式。如何让他们从内心理解和接受我们的文化理念、城市内涵，成为申报过程中的最大难点。"许钧教授这样说。

正如当初所料，有部分城市针对南京提出了不同意见。这些意见和文学本身无关，而是涉及了文化差异、大国博弈、不同文明理解等。大家都明白，这是多年来中国文化走出去、树立文化自信遇到的最大困难——文化认同，如何改变这些根深蒂固的观念，南京遇到了挑战。

申报材料获得教科文组织专家的高度认可，但南京遇到的主要难点是：有部分文学之都城市摇摆不定，甚至个别城市带有明显的傲慢与排斥；教科文组织最后的态度也不明朗，因为，该组织的总干事阿祖莱女士刚刚上任不久，谁也摸不准她是什么风格。

在国际舞台上，我们中国人往往比较内向和谦虚，以为少说话少争执，是中国文明礼仪之邦的体现。实际上，有时候这种做法适得其反，很可能让外国人不能直截了当地了解你的观点和想法。

"不管是面对善意的疑问，还是误会与偏见，我们要勇于发声，要用他们听得懂的语言主动出击、明确陈述。这不仅是态度问题，也是解决问题的有效措施。"

对于前面的困难，在南京申报之前已经预估到了。南京毕竟是第一次申报，我们又不像其他欧美国家的城市那样，地理位置相近，语言上相通，文化上同源。我们是新加入者，某种程度上，是一些西方城市的竞争者，毕竟，每年创意城市网络的名额是有限的，南京进去了，就会让别的城市进不去。

另外，28个文学之都的代表也各有各的想法。有的看重城市的文化底蕴，有的强调城市的文化氛围，有的青睐城市的文化成就，当然，也有的认为价值观很重要。特别是最后那类代表，价值观之类的其实是个借口，在他们内心深处，是希望在文学之都这样的世界文化品牌上，西方文化一直能占据主流。

"对于明显有傲慢和偏见的，我们多次面谈，用心介绍，当然，也针对他的质疑，不回避，不迁就，而是提出我们的看法。同时，通过其他友好城市间接进行沟通交流，最终让他们放下文学之外的想法，真正地回到文学的本质上来。"

直到名单揭晓的前一天，与28个文学之都的沟通交流依然在继续。可见说服他们有多么艰难。

面对质疑，申报团队多次说明和申诉，甚至约见教科文组织官员当面解释，更好地表明南京的态度和决心。

"联合国教科文组织的宗旨在于通过教育、科学及文化来促进各国间之合作，对和平与安全作出贡献，以增进对正义、法治及联合国宪章所确认之世界人民不分种族、性别、语言或宗教均享人权与基本自由之普遍尊重。保证亚非拉国家的参与度，给它们提供机会和帮助，应该是教科文组织的分内之事。但是，从目前已有的 28 个文学之都来看，亚非拉的声音太少了，网络的国际代表性显然是不够的。"

对袁爽的说法，对方表示认同，希望有更多的亚非拉国家参与进来。

袁爽接着说，中国占世界人口的近四分之一，但是有着千年文明的中国没有一所文学之都的城市进入创意城市网络，这对教科文组织来说，是一个很大的遗憾，也是创意城市网络品牌的一大损失。如果这次申报，南京能够被批准加入，对于南京的市民而言，是一件非常有意义的事情；对教科文组织而言，更是一件促进国际文化交流的标志性事件。

"南京的申报，其实已经不只是南京的事，更多的是为教科文组织作贡献！"袁爽特地强调，我们参与这个活动，不是来求谁的，也不是南京一座城市的事情，而是中国，是中国在用实际行动支持教科文组织。

这些道理相信他都能听懂，但是，为了打消对方在文学之外的一些顾虑，袁爽还是打开天窗说亮话：我们是在申报文学之都，而不是所谓的什么之都，何况，对待文化的态度，更应该是尊重不同的形态、不同的价值观，而不是从误解和偏见出发，作出违心的判断。

"既然创意城市网络的申报书里列出了详细的标准，这就是契约文本，那么，南京严格按照标准完成了材料提交，满足了所有要求，通过了专家评审，我们认为符合了契约精神，也希望最终的评审能够公开公平公正。南京的加入，将会让占世界人口四分之一的中国人了解世界文学之都，熟悉文都这个品牌。"

听了袁爽的这席话，一直微笑倾听的这位先生表情变得严肃起来了。他说："我理解你的观点了。我们认真考虑。"

走出门的那一刻，袁爽的心反而放下去了。"我心里想，反正话都说到这份儿了，干脆大家都挑明了吧！无非一个'理'字，我又不是为了私人的事求你，我的背后是中国！怕什么。"

后来，很多人说，南京申报文都，选择一个东北姑娘选对了。关键时候，嘎嘣脆！

一切的冲刺，一切的奔波，到了10月中旬，全静下来了。该跑的城市都跑过了，该走的程序都走完了，该投票的也都投过了，现在，就等着最后那一关的到来：联合国教科文组织总干事的意见。

所有的城市都在等待。

这是混战前的短暂沉寂，是最后一搏前的静默。

申报团队每个人的心却都静不下来。每一天都会有信息出来，但源头多样，信息模糊，几乎都让人焦虑紧张。

10 月 30 日，距离公布结果还有最后一天，有人建议：前面都是我们在提供材料，但无论怎么说，终究是我们的立场，那些犹豫不决或不愿意支持我们的城市总是带着先入为主的印象的。能不能找到些有影响力的，但又能让对方接受的人物来支持南京，显得客观公正呢？

利用公众知名人物推介城市，或者影响决策，这也是西方国家通行的做法。

请谁？

能否请勒·克莱齐奥先生给教科文组织写一封信，推荐南京？

袁爽心提了上来：什么时候要？

24 小时之内。再晚，公布结果的日期就到了。

24 小时！这怎么可能？

勒·克莱齐奥先生从来不用手机，唯一的联系方式就是电子邮箱。他又是一个喜欢云游世界的人，他如果离开了巴黎，去了非洲大草原呢？就是在巴黎，正好去咖啡馆喝咖啡了呢？或者，他忙着写作，就没空打开邮箱呢？一切皆有可能。但就是不太可能收到这封邮件，而且，还要在 24 小时内写封推荐信。

要知道，巴黎那边，此时正是深夜！

可是，不写，24 小时之后，文学之都的名单就将官宣！

"我自己的事可以输掉，但南京的事不能输，不能放弃任何一次机会！"在火速给勒·克莱齐奥先生的邮箱发出信件的时候，袁爽暗暗祈祷：但愿勒老爷子就守在邮箱旁边！

漫长的等待！

9 个小时后，来自法国的一封邮件发到了袁爽的邮箱里。勒老爷子收到信了，他一口答应了！

人的命，天注定！冥冥之中自有天意啊！

又过了 3 个小时，勒·克莱齐奥写给联合国教科文组织负责人的一封推荐函抄件躺在了她的邮箱里，信中写道："南京凭借其悠久的文学历史与鼓励阅读的多种创举，促进了文学在中国的发展。各种群体，无论居民、外来务工人员都可以找到适合的文学作品，并启发他们的下一代继续阅读。作为一名作家，我认为南京无愧于文学之都的典范。"

信的末尾，署名：勒·克莱齐奥。

只用了 12 个小时！

在巴黎的人们沉睡的时候，一封重磅信件悄然连接了南京与巴黎。

这封推荐信对南京情义无价。

因为，仅仅 2 个小时后，联合国教科文组织正式官宣。

A Madame Audrey Azoulay

Madame le Ministre

C'est un grand plaisir pour moi, Jean-Marie Gustave Le Clézio, de vous écrire afin de témoigner de mon enthousiasme et de mon soutien à la candidature de la ville de Nanjing en tant que Ville de littérature de l'Unesco.

Je connais Nanjing car je vis dans cette ville plusieurs mois par an depuis de nombreuses années. Nanjing est une belle ville, qui fut autrefois capitale de la Chine. Elle est riche d'art et d'histoire, et possède un grand patrimoine littéraire. Inspiré par les vers du grand poète chinois Li Bai, qui a célébré la beauté de la ville et du fleuve, j'ai écrit à Nanjing un poème en 2018 que j'ai dédié à Monsieur XU Jun, traducteur réputé et professeur de littérature française à l'Université de Nanjing. J'ai voulu ainsi remercier M. Xu Jun, professeur, de son invitation à enseigner à l'Institut des études étrangères, et de m'avoir permis de rencontrer les écrivains contemporains qui vivent à Nanjing et de découvrir ainsi l'enthousiasme de la jeunesse de cette ville pour la littérature. Durant mes séjours à Nanjing, j'ai participé à de nombreux évènements et activités littéraires. Nanjing est l'un des pôles les plus dynamiques et accueillants de la Chine, non seulement en terme de création littéraire, mais aussi en ce qui concerne la traduction et de la publication des œuvres littéraires. La seule version chinoise complète d'À la recherche du temps perdu, ainsi que maints autres chefs-d'œuvre de la littérature moderne, ont été introduits pour la première fois au lectorat chinois à Nanjing. Aujourd'hui, un exemplaire sur quatre des classiques littéraires du monde entier vendus sur le marché chinois est publié par les Presses Yilin, le plus important groupe d'édition chinoise dans le domaine de la traduction qui siège à Nanjing. Grâce à sa longue histoire littéraire et à ses diverses initiatives pour encourager la lecture, la ville de Nanjing favorise la littérature en Chine. Chaque groupe et chaque communauté de travailleurs migrants peuvent accéder aux œuvres qui leur conviennent et incitent leurs enfants à la lecture. Étant écrivain, je pense que Nanjing représente le modèle idéal de la Ville littéraire.

Je suis convaincu que conférer à Nanjing le statut de Ville de littérature ferait honneur à ses habitants et à la littérature. Je souhaite sincèrement que l'Unesco, promoteur le plus influent au monde de la compréhension culturelle, accepte d'octroyer cette juste récompense à la ville de Nanjing, à ses écrivains, et à tous ses habitants.

J.M.G. Le Clezio
écrivain
Prix Nobel de littérature 2008

第六章

从此，请叫我文学之都

2019年10月31日早晨7时26分，很多人还在上班路上，联合国教科文组织官方微博静悄悄地推送了一条消息：恭喜南京入选世界文学之都。

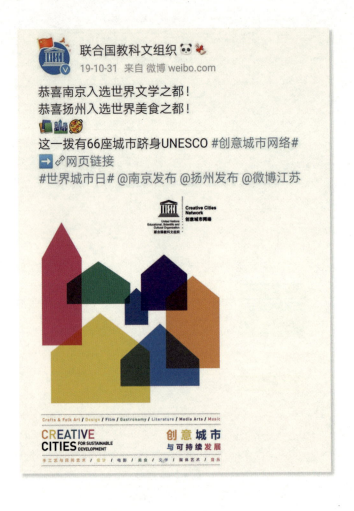

嗅觉灵敏的新闻媒体迅速报道：

中国日报：《这座城市有"文学腔调" 南京申报"世界文学之都"成功》

现代快报：《身在世界文学之都 南京文化名家齐发声》

交汇点：《喜提"文学之都"！为什么是南京？这些你要了解》

扬子晚报：《南京凭啥喜提"文学之都"？四大"硬核"指标告诉你答案》

一夕之间，南京获评文学之都的消息传遍全国。

莫言祝贺说：南京获得了一面亮闪闪的金字招牌。

勒·克莱齐奥说：作为一名职业作家，在我看来，南京为文学创作之城树立了一个理想的榜样。

首封贺信来自联合国教科文组织文化助理总干事奥托内，奥托内在贺信中代表联合国教科文组织宣布南京入选"创意城市网络文学之都"，期待南京作为 UCCN 大家庭的新成员能够迅速、顺利融入网络，积极推动与其他成员城市的互动交流，密切保持与 UCCN 秘书处的沟通联络，创造机会促进网络内部交流与合作。在向南京表示祝贺的同时，也提醒南京作为网络成员的权利和责任。

英国诺丁汉市担任此次创意城市网络文学之都协调组

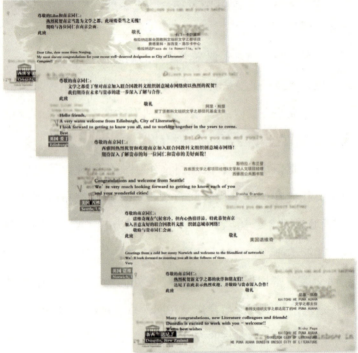

部分文学之都城市贺信

世界文都 南京密码

长，在贺信中表示："作为文学之都，我们的使命是分享知识与实践，加强交流，促进创作自由，发展关键领域的合作框架。"

韩国富川市在南京入选之前是东亚唯一一座文学之都城市，在贺信中说："我们愿与南京携手推动东亚文学发展。"

那一天，南京城依然繁忙如往昔，南京人的生活照旧千篇一律。

玄武湖隧道里缓行的车流依然堵到了玄武大道上，新街口楼宇里的小哥哥小姐姐们依然在上升的电梯里屏着呼吸。

于南京人而言，"文学之都"这个称号不会觉得太过新奇，因为文学就在他们身边，就渗透在这座城市的骨髓里。看惯了风月，他们不会兴奋地敲锣打鼓放鞭炮，"叫嚣乎东西，隳突乎南北"。这不是南京人的风格，也不符合魏晋风度。

但不管怎么淡定，在 2019 年的秋天，世界文都这个头衔，在遍布梧桐的南京城上空，翩翩而至。

在世界文都的喜庆气氛中，2019 年 11 月 11 日，第二届"文学多样性与城市可持续发展"国际高峰论坛在南京六朝博物馆拉开帷幕。

来自爱尔兰科克、英国曼彻斯特、南非德班、西班牙格拉纳达、韩国富川这些拥有丰富文学资源的兄弟城市代表，国际知名作家代表，国际汉学家、翻译家代表和城市文化企业代表，以及中国知名作家、南京作家代表，南京文化名人、文化企业、民间阅读组织、南京优秀大学生代表等济济一堂，通过开展文学、创新、多元与城市可持续发展等方面的对话，让世界感受千年文脉的南京魅力，也让南京汲取世界多元文化的滋养。

论坛首先播放了勒·克莱齐奥、莫言、许钧、毕飞宇四位文学大伽祝福南京的精彩视频。他们都是南京创建世界"文学之都"的重量级顾问，为表达对南京申都成功的热烈祝贺，他们精心准备了这一视频，并作为一份特别的礼物奉献给本次论坛，给论坛增添了别样的喜庆色彩。

勒·克莱齐奥说："南京——这座历史文化名城为中国文学做出了自己的贡献。我很高兴南京的文学积淀能通过这份由国际组织颁发的荣誉得到肯定。这份荣誉也会激励着新一代南京青年继续他们的文学梦想。"

莫言说："热烈祝贺南京成为世界'文学之都'，祝贺南京人民尤其要祝贺南京的作家朋友们、诗人朋友们，正是因为你们的努力，南京才有了这么一块金光闪闪的招牌。"

毕飞宇充满深情地说："我人生的绝大部分是在南京度过的。我来到南京的时候是一个文学青年，现在我是一个文

　　　　　　　　　世界文都 南京密码

学中年，我所有的小说都是在这个城市写的，我对南京充满感恩之心。南京成为文学之都后，我可以心平气和地非常骄傲地说：我的家乡，我生活的那个城市，南京，是一个伟大的城市。"

许钧教授是本次论坛交流活动的主持人，他说："南京成为文学之都具有非常重大的意义。在新的历史时期，文学之都最根本的意义在于文学指向人的精神生活和物质生活的方方面面，通过文学之路，沟通世界人类的心。在这个意义上来说，南京有着新的历史使命，那就是通过文学促进中外文化交流，让中外文明互学互鉴，为构建人类命运共同体作出自己的贡献。"

南京的历史积淀、文化底蕴、崇文重教，无一不是在中国城市中出类拔萃，此次入选联合国教科文组织的世界文学之都，亦是实至名归。

但对于许多从未深入了解南京，从未亲自到过南京的国人来说，这无疑是很好的一次加深对这座中国"最文艺"之城了解的机会。

这是所有人一双手一双手捧出来的

"如果你问我，文学之都从哪里来的？我会说，是从南京伟大的文学史中靠两只脚走出来的；是南京市千千万万的读者用两个眼睛读出来的；是南京的官方和民间无数人争取来的。南京人爱文学、南京人爱阅读，全中国都知道，现在全世界都知道。"

这是 2020 年 12 月的一天，毕飞宇打电话给我，在电话里一字一句说出来的话。

他听说我要写南京文学之都的申报之路，特意交代说，没有什么捷径，更没有什么西天取经之路，如果说有一条坚实的路的话，就在上面的这段话里。

当时，我正在玄武大道上开车，临时找了个安全地带，靠边认真地记下了他说的话。

这是所有人一双手一双手捧出来的。这样的话，毕飞宇说了很多次。他是真诚的。

这里的所有人，我理解，包括了古往今来的所有住在南京和不住在南京的，理解、感受并助力文学创作与播散的人。

它涵盖了古往今来的作家们、文艺家们，他们运用瑰丽的汉语言文字，创造出了博大浩瀚的文学作品，丰盈了我们的生活，拓宽了我们的人生体验，引领了一代代人的审美趣味，描绘出了中国人的文化气象，也塑造了城市的文艺气质。

这种气质，就是文脉。

"历史是一只手，它也会播种，是吧？我们南京伟大的浩瀚的文学史，绵长的文学史，它是一只手，它也会种树。那些先人那些看不见的手，帮我们种了一棵伟岸的'文学之树'在南京。那么，我们现在所有的人，我们南京所有的市民，都在这棵树的底下。所以，我就觉得南京成为（世界）文学之都的第一要素，是我们先人用他们的手，为我们做好了全部的预备。"

毕飞宇在接受电视台主持人晚梦的采访时，打了这样一个生动的比方：1800年文脉，为南京种下了伟岸的"文学之树"。

回顾整个申报历程，的确可以回答：它是所有人的才华、传承、梦想与生活共同堆积出来的，也是所有人一双手一双手捧出来的。

而在南京大学历史学院教授胡阿祥看来，"文都"，这一全新的称谓，无疑是世界对于南京这一重要的中华文脉之城，最佳的认可与鼓励。

千年文脉为南京留下了灿烂的文学，而南京人也用不倦的阅读予以热情回报。在这个意义上，世界文学之都又是南京人用一双双眼睛"读"出来的。

2020 年 6 月 5 日，南京有关部门开展了一项调查问卷："文学之都——最爱是谁"。南京人最喜爱的十大文学作品是什么？南京人最喜爱的十大作家又是哪些？调查结果出炉，《红楼梦》成为南京人最喜爱的文学作品，而最受南京人喜欢的作家则是鲁迅。

这次调查共收录了 74 位中文作家、68 位外文作家，9 部古典文学作品、59 部近现代文学作品、74 部当代文学作品以及 121 部外国文学作品，累计参与总人数为 46786 人，共收到 41822 份有效问卷。在最喜欢的作品排名前 30 榜中，古典文学牢牢占据榜单前 9 名，其后依次是近现代文学、当代文学和外国文学。

活动评选出南京人最喜爱的十大文学作品，分别为:《红楼梦》《水浒传》《西游记》《史记》《孙子兵法》《论语》《梦溪笔谈》《道德经》《元曲三百首》和《呐喊》,其中《红楼梦》排名最高，为 24850 票。

南京人最喜爱的十大作家则分别为鲁迅、老舍、曹雪芹、朱自清、沈从文、钱钟书、张爱玲、萧红、曹禺和莫言。鲁迅以 26018 票成为南京人最喜爱的作家。

其中，男性和女性最喜欢的作品在书目上完全一样，只是票数上略显差异。而在最喜欢的中国作家上，男性和女性的首选和次选均为鲁迅和老舍，但在第三选上产生了分歧，较多男性读者选择曹雪芹，而较多女性读者选择了朱自清。

一个喜欢读《红楼梦》的城市，不会庸俗到哪里去。一个选鲁迅为最喜欢的作家的城市，也不会浅薄到哪里去。

毕飞宇因此说："我觉得不能忽略的就是'一双眼睛'，南京人的眼睛。当然，南京人的眼睛可以看大千世界，什么都看。南京人的眼睛里面有一个东西是很重要的，就是文学和图书。南京的阅读氛围之好，全中国没有人不知道，南京人爱读书。在南京，光我们的读书会，我们的阅读组织，目前统计的就有 500 多家。特别震撼人心。我觉得从现实的角度去考量，我们南京的世界文学之都，是我们每一个南京人、每一个读者，靠他的眼睛读出来的。"

南京就是一个痴心不改、博览群书的阅读者。阅读在南京已经成为一种生活方式，它滋养着这里的人们，这里的人们每天都享受着阅读的乐趣。南京其实滋养了很多作家，是一个特别适合创作的地方。

"南京特别适合文学写作，为什么呢？首先她读者多，读者多了以后，你在周边，你在外面玩的时候，文学特别容易成为一个话题，你能感受到南京的读者和其他地方都不同，它特别容易成为话题，这是第一。第二，你如果写作就容易得到尊敬，对吧？"

毕飞宇举自己为例："因为南京的文艺范儿，她就是文艺范儿的一个城市！我记得特别清楚，你就以我家庭为例子，我20多岁的时候，一个穷小子在那写作，起码需要10年时间，你才能看到未来。如果我家里面的人着急一点，可不行。孩子要奶粉，要个婴儿车，要买房子，我把笔就放下了，我10年放下来了，我作家梦，谁来完成呢？那就没有《青衣》。"

南京城为寻常日子留下了"诗与远方"的空间，而把南京推上世界文学之都的，就有那些热情地理解并接纳文学的市民们。无论他们是居住在楼宇广厦，还是小巷僻壤；无论他们是坐拥书房，还是临街翻书，他们打开书页的那一瞬间，就是在与作家们共同构筑一个文学的世界。在这个世界里，人人怀有悲悯之心，人人皆可慰藉。

陆远老师，参与了申都的前期工作。他特别强调，在教科文组织对"文学之都"的评选要求中，除了对参选城市在文学史上的重要地位和文学作品产出数量有考量外，更为重要的一个原则是，跟这座城市有关的文学作品或者说文化成果，与当地普通人能否共享有关，也就是说在这座城市里，文学的亲民性有多强。

"我们在申请报告中，也特别强调了这一点。"陆远解释，"南京尤为特别的是，自建都至今，两千五百多年间，城市生活中心的移动不超过五公里。这就意味着，无论是六朝、唐宋、明清还是近代，数千年的文化积淀都处在一个相对集中的区域中生长绵延，这对生活在当下的南京市民来说，身边的山山水水、草木风景，或是人文建筑，与千年前没有太大地理上的差别。"

"抬头是南唐李煜吟诵过的春花秋月，低头是《儒林外史》里夫子庙科举场的白墙黑瓦，身边是朱自清游过的秦淮河，登上城楼可以看到李白笔下的凤凰台，穿过小巷就是刘禹锡叹过的乌衣巷……这种文学和当下生活的交互体验，是很难得的，可以给普通人一种文学的现实感。"陆远认为，这也应该是打动组委会的重要一点，这座朱自清笔下的"古董铺子"，从古到今，都活跃在人们的生活中。

在所有人中，还有一群人同样值得感激。他们是那些为南京喝彩、为南京申报尽心尽力的人。

申报成功之后，中国联合国教科文组织全国委员会给出这样一个评语：南京有一个突出的特点，南京申报世界文学之都，不仅是政府主导，更是全员参与，把各方的力量发动起来。这个对以后建设世界文学之都，打下特别好的基础。

这个全员，包括联合国教科文组织，包括南京市政府，包括南京的高校、出版社、书店、读书会、作家协会，当然，也包括世界上的 28 个文学之都。

这是申都报告中对南京前期准备工作的一段介绍：

2014 年，南京与联合国教科文组织签订合作协议，是加深对"创意城市网络"认知的一个重要转折点。此后，市政府即责成市文化资产管理办公室立即展开调研，先后召开专家学者、专业协会、民间社团组织等不同类别的座谈会 10 余场。同时，明确一位市领导牵头负责，由市政府 10 个部门组成中国（南京）"文学之都"促进中心，后又建立了包括勒·克莱齐奥、莫言、许钧、毕飞宇在内的专家顾问组，指导前期申报和后期建设工作。

市政府牵头已经与世界 10 余所"文学之都"城市建立紧密联系，一大批知名作家和文学研究专家自愿加入申都工作组，10 余个专业协会、近 400 个民间阅读组织、20 余家新闻出版企业积极参与申都工作，数百位市民成为申都志愿者和申都国际交流大使。

还是以毕飞宇提到的一个例子，可以看出来对于申报文学之都，南京各界人士报以多大的支持。

我讲个故事给你听，坐落在凤凰云书房里的南京文学客厅，是南京打造的一个读书空间，想请名家写个匾额，找的是著名书法家、中国书法家协会主席孙晓云老师。孙老师一口答应，免费题写。

拿到手了，结果我一看，叫什么？城市文学客厅。没有"南京"两个字，这可能是沟通上的问题。我给她发了一个短信，人家立即就答应重写。而且特别快，第二天就给了，我很感动。

我们等于把人家的字给退回去了，以孙晓云老师在书法界的地位，你把人家的字退回去、再重写，很不礼貌。你就从孙晓云老师这个行为，就可以知道，在她看来，为南京的文学事业做事情，是可以不谈条件的。是吧？

不仅仅是文化名家鼎力支持，就是普通的市民群众也默默地为申都作出了应有的贡献。他们是文学之都名副其实的坚实基础。

观察一座城市市民的广泛阅读参与度，街头巷尾的大小书店则是一个看得见的"指标"。

全南京有新华书店、大众书局、凤凰书城和先锋书店、万象书坊、云书房、文都书店二楼南书房等实体书店348家。

在 50 家江苏最美书店中，南京占 12 席，名列全省第一。先锋书店五台山总店屡次被评为全球最美书店，其开在中山陵、老门东和玄武湖的分店，不仅给南京人提供了优质的文化消费场所，更吸引了大量游客，成为南京知名的文化地标。目前，南京正在积极打造集书店、创意馆、咖啡馆、文化讲堂、画廊、网上书店等多种业态为一体的"复合式书店"。

全市有农家（社区）书屋、职工书屋数千家。有服务盲人的无障碍图书馆，将云服务和书籍进行整合的云书房，有民工流动图书室和地铁图书角，还有 24 小时的自助书房。在各种场所打造了新型阅读空间 150 多处，在明城墙设立的 10 个公益书吧吸引了 6 万余名海内外游客登城读书。全市建立 166 个"图书漂流文化驿站"，投放 2 万余册图书，供市民免费取阅。

全民阅读活动，是南京广泛开展的一项惠民文化活动，旨在引导广大市民"多读书、读好书、善读书"，南京居民综合阅读率连续多年居全省第一。全市各类阅读组织已达 340 多家，每年开展各类阅读活动 2000 多项。通过开展"南京传世名著品读和推广"活动以及"跟着名著游南京"的线下活动，促进市民的阅读体验不断升级。通过开展"全民阅读春风行动"，用书香温暖农民群众、农村留守儿童以及城乡困难家庭儿童、残障人士等特殊人群。

当然，在需要感谢的"所有人"中，我们不能忘记那支小小的申都执行团队：文学之都促进中心。

在大家欢庆申都成功的那一刻，叶兆言感叹说：南京是怎么找到这么好的执行团队的？他们的优秀无法形容！

这段话是对执行团队的最高赞美。

杜越先生评价说："你们对教科文组织作出的贡献有目共睹。认真的人才会有人真帮忙！"

"都柏林的埃里森先生帮助我们介绍了西班牙、葡萄牙的世界文都中心。仅仅是一面之缘，我们就结交到了这么多朋友，他们都对南京伸出了友谊之手。众志成城，最后结果一定是好的！"

从一个对文学领域从不感兴趣的门外汉，到侃侃而谈南京的文脉、作家、文化发展；从岁月静好、安心过日子的居家女子，到跑遍了世界文学之都，逢人就讲南京好的推销员；从面临着"一百个失败的理由"而焦虑万分，到走出联合国教科文组织办公室之后的从容淡定，袁爽至今仍不敢回忆申报路上的点点滴滴，因为随时都会泪崩。

"太难了，也太疲惫了。那么多人的重托，那么多人的希望，更重要的是，南京几千年厚重的文学积淀是财富，也是重压，万一申报不成，总觉得对不起这座文明古都。"

几乎没倒过时差，深夜在机场候机是家常便饭，为了与教科文组织的官员会见，在下雪的巴黎教科文组织总部等了4个多小时！回首每一个在国外奔波的日夜，看似穿戴铠甲、百折不挠的袁爽，其实心中最牵挂的就是千里之外的女儿。

"每一次从国外出差结束，准备回国的时候，只想着订最早一班的航班，想早一分钟看到女儿，因为想到她只有6岁，很懂事地在南京等妈妈回来，我就很心疼。"袁爽坦言，近年来为了工作，对女儿的亏欠实在太多，最遗憾的就是没有赶上女儿上小学的第一天开学典礼。现在，申报成功了，她要好好放松一下，抽出时间去陪伴女儿的成长。

一路走来，深切感受到了团队的坚持和成长。申都是面对国际发声，其过程不亚于一场申奥。每次汇报，要么是面向市领导，要么是面向全委会领导；联系沟通的几十名专家，基本都是教授、博导，甚至是诺贝尔奖得主级别的人物。无论是对外交流，还是对内汇报，一上来就是高起点高要求，这对团队是极大的挑战。

"申报过程是一个整合的过程，政府、社会、作家、文化机构、书店场所、专家学者、国际文学之都城市、教科文组织，每个方面都有自己的诉求，如何把这些诉求整合到南京的目标上来，如何让南京冲出去，冲进去，每一步都是艰难考验。"

团队一直在面对层出不穷的困难，如同翻山越岭，疲惫了，洗把脸，第二天还要继续精神饱满去战斗。"我要求小伙伴们，从南京文学之都促进中心发出去的每一份邮件、每一句措辞，甚至每一个单词，都不能有任何错误。我们办的每一场活动，都要缜密考虑，认真准备，即使是展板，也要从摆放的位置、大小、色彩等多方面推敲选择，因为，我们出去了，代表的是南京，是中国。"

细节决定成败。南京的精心准备和雄厚实力征服了评委。

"我们的小伙伴们的确付出了辛勤和汗水，我们是冲在一线的，但是，我们也深深知道，成功的背后，是国家的强大实力在支持。"

申都行动看似是南京一个城市的事情，其实走到了国际舞台上，就是代表国家展示文化实力。中国的综合国力强大了，文化实力雄厚了，中国的发声就能被听到，中国文化的展示就无法被遮蔽和忽视。中国文学看南京，从南京看中国！这正是南京获评文学之都的国际意义。

事实上，两年多的申都过程中，市委市政府始终高度重视，全力支持。南京文投集团倾注资源，全程组织指挥。没有领导们的充分信任、热情力挺，文学之都促进中心不会走得这么好，这么远。

"如果说有什么遗憾的事，那就是没能够在评审之前把所有的文学之都拜访完，特别是非洲地区的城市，失去一些学习交流的机会。"

好在，所有人的努力最终都得到了回报。

公布结果的那一刻，团队工作人员百感交集，长达两年多的艰难跋涉在这一刻有了结果。

对于团队成员赵思帆来说，收获的不仅仅是世界文都的称号，还收获了人生中最重要的宝贝。

申报成功的那一天，他的女儿降生了。天使降临到了一片欢庆的文学之都南京。

赵思帆给女儿取了个小名：都都。

他说，这就是文学的缘分。

从天下文枢走向世界文都

南京夫子庙贡院的一侧，矗立着一座牌坊：天下文枢。

进出南京禄口机场航站楼的人，也会看见这四个霸气的大字。

如今，南京又增加了一个国际范称号：世界文都。

也许有人会问：南京被评上了世界文学之都，有什么意义？有什么好处？是给南京带来 GDP 了，还是让南京老百姓的收入提高了？

文学是什么？是无用之用。

世界上有有用之用，比如吃穿住行，用处看得见、摸得着、想得起、用得上。世界上还有无用之用，比如音乐、文学、哲学。会写诗，当得了饭吃吗？恐怕大多数时候当不得。思考人从哪里来，要到哪里去，能帮助妻子儿女买大房子吗？恐怕也是白费力气。可是，世界上为什么会存在这样的人，会想不一样的人生，会写这样的文字，会体验不一样的审美呢？

奥斯卡·王尔德在他的《道林·格雷的画像》的前言中以一种尖锐的幽默表达了同样的意思："文学，根本就是一无是处。"

无用之用。

人活着，要吃饭。

但人吃饭，不仅仅是为了活着。

2021 年 8 月 9 日，莫言开了公众号，"想和年轻人聊聊天"。他聊天的第一个话题，就是谈文学的"无用之用"。他这样说道：

> 我说文学相对科学技术，它好像是没有用处的。但文学最大的用处，就在于它没有用处。这句话听起来是很绕的，那么我到底想表达什么意思呢？我想文学它对人的作用，是潜移默化的，是细水长流的。它作用于人的感情，以审美的方式，让人们的灵魂深处受到感动。让人的情感变得更加细腻，让人的感情生活变得更加丰富。从而使自己变成一个高尚的人，变成一个有情趣的人，变成一个能够跟他人更好地相处的人。这是我认为的文学的最大意义。

明了文学的审美无功利之后，我们再来看南京文学之都的价值和意义在哪里？

毕飞宇说，很多人不明白这个称号的分量有多重，它是我们主动打开窗户，通过文学这种沟通人心的方式，让中国的文学和文化走向了世界。

2019 年 12 月 15 日，由南京市委宣传部主办，南京市社会科学院、扬子江创新型城市研究院、江苏交汇点云媒科技股份有限公司承办的"文学之都的时代价值"高端笔会在南京举行。

南京获评世界文学之都，到底有什么现实的意义？听一听专家们的阐释。

南京出版社社长卢海鸣先生归纳出南京成功"申都"的三点启示，引人瞩目。他说：

勇立潮头的创新精神

创新是一个民族进步的灵魂，是国家兴旺发达的不竭动力。"文学之都"展现的创新精神体现在三个方面：

一是建立标准。南京在中国文学史上创造了众多的"第一"，制订了一系列的文学创作的国家标准。如，中国历史上第一个文学院——六朝的"文学馆"、第一篇文学理论文章《文赋》、第一部文学评论著作《文心雕龙》、第一部文学作品集《昭明文选》、第一部诗歌总集《玉台新咏》、第一部儿童启蒙读物《千字文》、第一部两宋词集大成之作《全宋词》等，都是在南京诞生的。光是南京诞生的文学作品，成为一名独立学问的就有四部——"世说学""选学""龙学""红学"，在中国文学史上独领风骚。尤其值得一提的是，我国古代关于诗歌声律的"四声八病"学术理论就是源于南京，南朝音韵学家周颙创立的以平上去入制韵的"四声说"与文史学家沈约提出的"八病"必须避免之说，为唐代格律诗的产生和发展奠定了基础。

二是创新形式。南京贡献给中国的还有宋词。宋词有两个源头：一个是南唐江宁（南京）、一个是后蜀成都。南唐中主李璟、后主李煜和大臣冯延巳等开创了一代词风。明代胡应麟《诗薮》云："后主……乐府（笔者按：指词）为宋人一代开山。"清代国学大师王国维称李后主为"一代词宗"。

三是树立典范。明代冯梦龙在南京出版的《警世通言》，是明代市民文学的代表作，开创了中国文学的新领域。清初孔尚任以南京为背景创作的《桃花扇》，结局打破才子佳人大团圆的传统模式，"借男女之情，写兴亡之感"。清代中期吴敬梓在南京秦淮水亭创作的《儒林外史》是我国古代讽刺小说的典范之作。而从小在南京长大的曹雪芹，他所创作的《红楼梦》中，有很多南京的原型，该书的思想性和艺术性达到了我国文学史上的巅峰。

诚如清初文人余怀《板桥杂记》所称："金陵古称佳丽地，衣冠文物，盛于江南；文采风流，甲于海内。"南京文学成就，体现了勇立潮头、敢为人先的创新精神。

海纳百川的博大胸襟

南京作为古都，五方杂处，人文荟萃，南京的包容开放吸引了各方面的人士纷至沓来，为他们的创作提供丰沃的土壤。南京在为世人提供创作舞台的同时，也成就了自己的美名。

法国人加勒利、伊凡原著，英国人约·鄂克森佛译补的《太平天国初期纪事》(1961年出版)写道："南京居住着文人、学士、舞蹈家、画家、考古家、魔术家、医生、诗人和名妓。这个美妙的城市中有各流派的学术、艺术和娱乐……在这里，人生的大事就是作诗和恋爱。"

千百年来，南京钟灵毓秀，俊彦辈出。我们可以列出一个长长的名单，如王献之、谢灵运、刘义庆、谢朓、刘勰、萧统、钟嵘、沈约、徐陵、周兴嗣、李白、刘禹锡、崔致远、李璟、李煜、冯延巳、王安石、李清照、高启、阮大铖、汤显祖、孔尚任、吴敬梓、曹雪芹、姚鼐、郑板桥、袁枚、唐圭璋、巴金、张恨水、赛珍珠等。值得注意的是，在南京诞生的文学作品，作者基本上都是外来"移民"。他们或在南京搜集创作的素材，或在南京寻找创作的灵感，或在南京创作出传世名作。

外国的使节、留学生、传教士、学者等来到南京，往往触景生情，也为这座城市贡献出丰富多彩的文学作品。唐朝时期，朝鲜半岛留学生崔致远担任溧水县尉，创作了《双女坟》（又名《仙女红袋》）。回国后，成为朝鲜半岛的文坛领袖。民国年间，美国作家赛珍珠在南京写出了她的处女作《放逐》（1923 年出版）。1928 年前后，她为纪念去世的母亲在南京写就了《异邦客》。不久，她又在南京创作出《东风·西风》。此后，她在南京完成了她的成名作——《大地》（《The Good Earth》，1931 年出版），获得诺贝尔文学奖。此后，她在南京又创作出《儿子们》（《Sons》，1932 年出版）等多部重要作品，从而奠定了她在世界文学史上的不朽地位。1932年，她获得美国普利策文学奖。在南京，赛珍珠还将中国四大古典名著之一的《水浒传》翻译成英文，以"All Men Are Brothers"（意思是《四海之内皆兄弟》，1933 年出版）为名出版，这是《水浒传》的第一个英文全译本。

舍生取义的家国情怀

所谓"家国情怀"，是一个人发自内心的质朴情感，是对家庭、国家的全面认同、衷心维护和深沉热爱。家是最小国，国是千万家。1919 年"五四"运动爆发后至新中国成立前在南京诞生的革命文学作品，包括雨花英烈留下的诗词、日记等，是"文学之都"南京文化的一个重要组成部分，至今仍闪烁着人性的光辉和真理的光芒。

1925 年 5 月 30 日，英、日帝国主义国家在上海制造了震惊中外的"五卅"惨案。消息传到南京，南京人民群情激愤，抵制英国风潮勃发。在中共南京党、团组织的发动下，6 月 5 日，和记洋行工人宣布："自今日起，全体罢工，为被害同胞后援。"一场声势浩大的罢工斗争就此拉开序幕。大罢工前后历时 42 天，终于获得胜利。和记洋行工人的罢工斗争，在南京人民革命史上写下了光辉的一页。当代著名文学家巴金当年亲自参加了对和记洋行工人的发动、募捐活动，他于 1927 年，以和记洋行工人的罢工斗争为主题，撰写了《死去的太阳》一书，再现了无产阶级不畏强暴、敢于抗争的家国情怀。

1930 年，中共早期重要领导人恽代英（1895—1931）被捕后，面对敌人的威逼利诱，毫不动摇，写下了荡气回肠、催人奋进的《狱中诗》："浪迹江湖忆旧游，故人生死各千秋。已摈忧患寻常事，留得豪情作楚囚。" 1948 年，中共北平地下情报系统负责人谢士炎（1910—1948）为了理想，不幸身陷囹圄，他的《狱中诗》表达了视死如归的英雄气概："人生自古谁无死，况复男儿失意时。多少头颅多少血，续成民主自由诗。"2014 年 12 月习近平总书记在视察江苏时指出：
"在雨花台留下姓名的烈士就有 1519 名。他们的事迹展示了共产党人的崇高理想信念、高尚道德情操、为民牺牲的大无畏精神。"

综上，"文学之都"不仅是南京的一张靓丽名片，更是对南京的一次重新定位，它将南京的文化成就和贡献提升到国家层面、全球高度，对于推动南京文化产业结构优化和转型升级，促进"创新名城、美丽古都"南京走向世界，具有重要的现实意义和深远的历史意义。

（摘自卢海鸣在"文学之都的时代价值"高端笔会上的发言稿）

而在北京大学城市与环境学院研究员王长松看来，南京身处丘陵到长江中下游平原的过渡地带，过渡地带破碎化特征反而孕育出了丰富多彩的地理景观，让南京形成"江山河洲湖城"一体的城市景观格局。而不光有山水格局，南京还有悠久的城市发展历程，身处南北和东西方"交汇点"的重要区位。他从人文地理学的角度阐释了在全球化的过程中，避免"千城一面"，维护地方独特性的重要性。

"现在叫'之都'的地方很多，比如创意之都、设计之都、动漫之都等等，我认为文学之都对南京乃至全国的意义，主

世界文都 南京密码

要不在于赋权、赋能，而在于赋意、赋魅。所有文学艺术的使命都是重新给这个世界制造魅力，让我们觉得此时此刻生活是充实的。"上海交通大学特聘教授单世联说。

感知文学魅力，是建设世界"文学之都"的关键落脚点，不少与会专家从实际操作层面，为南京建设"文学之都"开出"菜单"，力求将南京打造成为人们心灵向往的放飞之地。

"让我们的'文学之都'融入世界体系，不能死守'天下文枢'这样传统的概念。"

苏州大学文学院中文系教授、博导王尧认为，从文学到文学之都，再转到文学城市建设，南京要对不同的路径有综合的考虑，凭吊过去，抓住当下，还要思考我们能给后人留下什么。

他从具体操作层面提出了几点建议，包括编一本《文学南京》读本，它是精神生活的指导；做一本不仅仅是局限在近百年来的《南京文学史》，它是南京的文化名片；打造一个南京文学会馆，有一个文人相聚的地方，把文化遗址保护好；申报一个文学基金，统筹人才、制度等方方面面的发展。

王尧还特别提到，建设"文学之都"，要加强整个南京市从大学到中学到小学的文学教育，"只有把文学转为个体的东西，南京整个城市的气质才会有比较大的变化"。

青年评论家、《扬子江评论》杂志副主编何同彬曾兼任中国（南京）"文学之都"促进中心副秘书长，亲身经历艰苦申报的日子。他说："入选文学之都后，不少南京人为此很兴奋，但我认为应该仔细想想联合国教科文组织设立'文学之都'这一项目的真正目的。在当时的申报书里，其实有关文学历史与成就的部分不到一千字，能概括的内容非常少，真正让南京入选的原因是什么？"

"入选文学之都，其实是一个起点，后面的工作比申报还要复杂、重要。它给的不只是一份荣誉，更是一份责任。我们如何在这个创意城市网络中与其他城市交换经验，同时维护文化的多样性。最后的关键点，其实是文化的多样性。"

南京成功申报"文学之都"，是对党的十九大关于进一步提高文化自信的贯彻落实，是城市中观层面实现"中华文化走出去"的创新捷径和新突破，也是一个成功推进重大国际文化交流活动的典型案例。

"文学之都"不仅是南京的一张靓丽名片，更是对南京的一次重新定位，它将南京的文化成就和贡献提升到国家层面、全球高度。

从"天下文枢"到世界"文学之都"，一古一今两张文化名片的迭代，既开启了讲好中国故事、传播中国理念的南京"新篇章"，也给南京打造国际交往城市、培育独具特色的城市 IP 描绘了新的前景和想象空间。

孩子们参加玄武湖读书会

城市与人：文学重绘南京人文地图

美国社会学家、城市规划师刘易斯·芒福德（Lewis Mumford）在《城市文化》一书中写道："城市是文化的容器。"古往今来，在这个"容器"里，南京完美地承载了贮存文化、传播文化和创造文化的作用，在中华文明史上写下了光辉灿烂的篇章。

在历史上，南京扮演过多重角色，其中，文化是南京这座城市的底色和灵魂。

"城市是文学的摇篮吗？"哈罗德·布鲁姆（Harold Bloom）在他主编的《巴黎文学地图》中提出了这样一个问题。他说，就作家们的职业而言，文学大师总是喜欢远离尘世，但他们的内心却渴望在当时的文学艺术界找到自己的知音，也许对手之间存在着无法阻挡的吸引力。他们的缘分也和地域有关，比如海明威和菲茨杰拉德都曾寓居巴黎，拜伦和雪莱都曾流亡意大利，艾略特和庞德都曾以伦敦为家。因此，城市是作家交往之必要条件，即使在当今的电脑时代，地域的邻近性依然是文学家建立亲密关系的必要条件。"事实上，城市是文学的主题，更是文学必不可少的元素。从这方面看，城市更加重要。"

布鲁姆不无留恋地回顾了城市文学的灿烂传统，19世纪，城市的工业化为维克多·雨果、狄更斯和左拉提供了创作惊世骇俗的现实主义小说的土壤，如今这种土壤已难见踪迹。信息技术时代的都市似乎不可能激发作家的文学想象力。过度的视觉冲击遮蔽了内在心灵的眼睛。布鲁姆抚今追昔，感慨道："在这样的时刻，我们也许可以重新唤醒人们对这些文学名城的记忆，缅怀它们历史悠久但依然灿烂的古老的文学艺术。"㉓

世界文学之都南京，就是这样一座文明之城，是一张活的文学地图。在信息时代，依然能让我们追寻千年堆积的文学印记，观察城市空间与文学空间的关系，从而缅怀灿烂悠久的文学艺术。

南京从古至今，文学名家代有才人，文学佳作层出不穷。无数经典里铭刻着南京的名字，从刘禹锡的诗歌中，人们知道了乌衣巷；从辛弃疾的《水龙吟·登建康赏心亭》，人们知道了赏心亭；从李白的诗歌，人们知道了凤凰台……

南京就像是千层饼，保留了不同时代的文学记忆和文化碎片，包括文学描绘的有形和无形的建筑与遗址，这样的一种记忆共存、混乱而有序的城市文化景观是南京特有的。"旧

时王谢堂前燕，飞入寻常百姓家。""想今年燕子，依然认得，王谢风流。"历史变迁与空间转换并存，这种文化心理感受异乎寻常，完全不同于单向道的导航空间。

这种感受类似于我小时候在乡下的空间方位感知体验，那是模糊的、隐喻的、心理暗示的，却又是生动的、鲜活的、充满玄妙和敬畏感的。这两种看待世界的思维方式，说不出哪个更优越，只能说：从前很慢，留下了想象的味儿；现在很准，不留丝毫的余地。

南京就是一座让你炫惑惊异的文化之城、隐喻之城、敬畏之城。

你在南京街头行走，老城南是老城南的样子，世俗的烟火气，秦淮河的慢悠悠，脚步踏上一座座栏杆桥的那一刻，王谢堂前的感觉就出来了。可是你走着走着，一抬头，却踏进了鼓楼岗，误入了公馆区。黄的墙，白的墙，黑的瓦，一模一样的街道，一幢一幢的小楼，森森的梧桐树，紧闭的大铁门，不用在门口站着荷枪实弹的军人，你顿时会进入民国的语境。不想看这些逼仄的建筑和街巷，你可以一直出城，往东郊去，那里躺着明孝陵、躺着中山陵，那些曾经声名显赫的人已经不会再说话了，他们沉默于地下，听你喟叹和絮叨。也可以往城北地带走，那里的老化工厂已经拆得荡然无

◀ 南京文学地图

存，只留下了旧地名供你回味，比如网板路、比如化纤新村等等。出了燕子矶，长江扑面而来，"永嘉南渡人皆尽，建业西风水自流"。六朝的风吹过来了。处处移步换景，一日穿越千年，看尽历历江山，南京，何其奇哉！

打开文学地图，就是打开一座城市的文学密码。它召唤着人们寻奇探幽，古今对话，思接千载，文脉悠悠。

南京的文学魅力自古至今一直持续，没有中断。其间主要有几个繁荣的历史时期。一是南北朝，二是晚明，三是民国，而且，各个历史时期都没有中断。而写北京的文学，从元之后才形成规模。叙述上海的文学，当然更晚。其他城市呢，有的中断了，比如开封，南宋以后就很少有人去写了。到近代，像康有为，去写开封也是哀叹其衰落。而广州呢，虽然我们也经常说"华南"，但基本上是自指广东至南洋一带，还是以叙述异域性的乡土为主，带有一定程度的"中原中心主义"的眼光，并没有形成规模性的"文学中的广州叙述"。可以说，所有中国的文学城市，从"文学中的城市叙述"或"城市文学地图"来说，唯一一直持续至今的，只有南京。

2020年10月，在南京获评世界文学之都一周年的时刻，本文作者对中国传媒大学文学院院长、教授、博士生导师张鸿声教授做过一个访谈，主要话题是关于城市文学地图的书写与建构。

张鸿声教授分别在 2011 年和 2018 年主编出版了《北京文学地图》和《上海文学地图》，借用文学家的笔墨，还原历史氛围及生活细节。他主编的《南京文学地图》2022 年刚刚出版，在对比了诸如北上广等城市文学之后，他对南京及其文学地图有着自己的理解。

张鸿声教授认为，我们传统的文学研究方式是对一个城市的作家作品进行文学史和文本分析的研究。在这个基础上，再扩大到对文学思潮、流派、地域的研究，这种方式具有历史的宏观性和整体性，但是对于非专业人士或者普通市民而言，还是难以进入文学的细节现场，而城市文学地图的研究思路不失为一种文学现场的还原方式。而南京具备历史的和现实的极好条件。

在信息时代，网络可以延展甚至抹平一切物理空间，基于地理空间的文学是否还有意义？比如像文学之都这样的城市命名法。张鸿声认为：

> 确实有这个问题。列斐伏尔提出空间理论的时候，大家都觉得是革命性的，也确实是。可是，后来网络出现了，更是打破了人们的空间概念。其实，还不仅是网络，自从火车，特别是飞机出现，人们的空间感知就变了，更何况网络呢。

戴维·哈维就提出了压缩空间的说法。但是，任何东西都不能让文学性的空间消失，因为"文学性空间"是人类空间感知的基因，无法消除。人类描述空间的语言，基本上都是文学性的，很少用科学性的语言。因为科学语言需要实证，而文学性的语言靠感觉就行，随口就来。即使是飞机、网络，也不过是在增加"文学性空间"的感知形式而已。比如，在飞机上看南京的山川，就增加了古人没有的新感知。网络上的各种图片、文字，都在增加对于文学性城市的感知工具。也就是说，文学性的城市地理是根本，其他的都是载体与工具，而且是为其服务的。对于服务来说，工具越多越好。文学之都这样的城市命名，是在加固这个根本，当然是好事了！

作为文化学者，对进一步构建南京的文学地图有何建议或意见？

张鸿声郑重提出，首先，要在理论上梳理好南京各个时期的文学流脉；其次，找到文学流脉对应的地理空间；最后，用各种工具去展示，包括博物馆、纪念馆、小型的塑像、原址、故居、空间名牌，甚至社区的小型展示。但要注意，一定是"小型"的，必须是空间的"文学性表达"，而不是"物质性"表达，要与南京的文学相配。千万不要让工具性的东西压倒了原物，比如，修建大型的广场、巨型的建筑等，又是喷水，又是大草坪，只会招来广场舞，反而妨碍城市的文学性。

当然，文学地图的空间不仅仅局限于一座城市的内部构成与景观分布，它还要有宏大的历史、文化空间关照，还要有全局性的地理地域参考，从而在一个区块链中凸显某一座城市的文学地理特征。

在《文化南京：历史与趋势》这本书中，南京大学历史学院教授贺云翱从时间、空间、文化三个角度对南京加以解读，观察一个城市文化生命体的非凡历程和其独特意义。

贺云翱认为，在时间维度上，从古至今，南京经历了一个从文明边缘化走向舞台中心并最终定格在区域门户的过程。从空间维度看，不同视域体系下的南京城市地位又有着不同。国际视野下，南京是海上丝绸之路的重要城市，东亚国际体系最早在六朝建康形成。民国时期的南京是中国的外交中心，影响现当代世界局势和中国现在的政治。目前南京已经成为走向国际化的中国古都，在古都体系中看，南京是唯一没有位移的千年古都，相对北方古都有拥江发展的历史积淀。

从四大文化区系来看，南京既是长江文化板块的中心，也是黄河文化、长江文化和东南海洋文化三大板块的交融之地，因此，南京不仅对中华文明的发展至关重要，也在世界文明史上占有重要地位。

"我们曾经总结南京历史文化特点为：龙盘虎踞，拥江依淮；十朝都会，承前开来；兼摄吴越，交融南北；集散文化，荟萃英才；百折不挠，和平永怀；山水城林，遗珍遍在；古今辉煌，走向现代。"

贺云翱说，南京作为一个城市的名称，得到了历史的眷顾，也得到了历史的尊重，历史名称折射文化影响力。

为了持续提升文都南京的品牌影响力，2020 年 9 月，南京成立文学之都建设指导委员会，随后，南京市文学之都促进会正式成立，在指导委员会下开展工作，依托南京市文投集团具体负责南京"世界文学之都"品牌管理运营，广泛动员社会力量积极参与文学之都建设，开展文学领域交流活动。

文都图鉴，一幅正在徐徐展开的画卷，等待着喜欢南京、走进南京的人细细观看。

文学为媒，共护人类命运共同体

2020 年初，一场突如其来的疫情猝然而起。

"没有谁是一座孤岛，在大海里独踞；每个人都像一块小小的泥土，连接成整个陆地。"——［英］约翰·多恩

人类的命运息息相关。文学是我们灵魂不朽的摆渡者。

循着文学的通道，一个人与一群人相遇，一座城市与一群城市相呼应。加入世界创意城市网络后，南京以更加自信的姿态参与交流活动，展示中国文学文化，扩大世界城市朋友圈，推动中国青年艺术家走出去。

在联合国教科文组织创意城市网络中，南京是"世界文学之都"，武汉是"世界设计之都"。

南京文学之都促进中心倡议世界各地"文学之都"城市联合起来，以公益海报的形式，为身处疫情中心的武汉送上文学祝福。

这是南京以创意城市网络成员的身份，首次在"世界文学之都"领域发声。

倡议发出之后，很快收到了全球"世界文学之都"的积极响应。

昂古莱姆@法国

南京@中国

南京@中国

德班@南非

欧比多斯@葡萄牙

诺维奇@英国

诺丁汉@英国

达尼丁@新西兰

乌里扬诺夫斯克@俄

蒙得维的亚@乌拉圭　　　　　　　富川@韩国

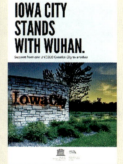

利勒哈默尔@挪威　　爱丁堡@英国　　雷克雅未克@冰岛　　爱荷华@美国

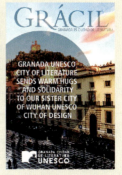

魁北克市@加拿大　　卢布尔雅那@斯洛文尼亚　　墨尔本@澳大利亚　　格拉纳达@西班牙

富川、诺维奇、欧比多斯、曼彻斯特、昂古莱姆、雷克雅未克、爱荷华、乌里扬诺夫斯基、卢布尔雅那、蒙得维的亚、墨尔本、诺丁汉、利勒哈默尔、达尼丁、敖德萨、爱丁堡、西雅图、魁北克，来自亚洲、欧洲、北美洲、南美洲、大洋洲的 18 个"世界文学之都"，用 12 种语言投递来真诚祝福，一起为武汉加油。

美国·西雅图

Towering clouds loft

Han River rushes on

Seattle UNESCO City of Literature supports Wuhan, our fellow

Creative City.

白云千载，汉水长流。

西雅图文学之都声援创意城市网络的兄弟城市武汉。

英国·爱丁堡

In Literature, as in love,

courage is half the battle.

Sir Walter Scott

文学告诉我们，爱情告诉我们，

拥有勇气，就已经胜利了一半。

——沃尔特·司各特爵士

For the people of Wuhan

From Edinburgh City of Literature

爱丁堡文学之都与武汉人民共勉。

英国·诺维奇

以中世纪作家朱利安的名句祝福武汉：

All shall be well.

一起都会好起来！

法国·昂古莱姆

Angoulême apporte son soutien au Peuple de Wuhan et du Hubei.

昂古莱姆支持武汉和湖北人民。

冰岛·雷克雅未克

Best wishes to the people of Wuhan,

from Reykjavik UNESCO Ctiy of Literature.

Our thoughts are with you.

祝福武汉人民，我们的心和你们在一起。

澳大利亚·墨尔本

Any time, any time you are passing by this way, remember you will

always have a place to stay.

无论何时，

无论何方，

当你再次启航，

请勿忘，

我愿永远做你的港湾。

应部分"世界文学之都"城市之邀，南京文学之都促进中心把海报中的寄语翻译成汉语，并把海报集体转交武汉。

在发出倡议的同时，南京文学之都促进中心在最短的时间内设计好了两款公益海报，以此为武汉加油。

两只有力的拳头相向握起，

一支生花妙笔是我们灵感的共同寄托。

"设计之都"勾画匠心独具的美丽蓝图，

"文学之都"书写波澜壮阔的人类命运。

加油兄弟，加油武汉。

这是"文学之都"的琉璃宝塔，

这是"设计之都"的天下名楼，

这是为我们阻挡病毒的小小神器。

戴上口罩，轻言细语，

这个春天的芬芳，近在咫尺。

　　在翻看这些美丽而真挚的海报的时候，在写下上面这些文字的时候，时间已经进入了 2022 年。人类依然在与疫情作斗争，人类，也必将认真去了解、理解世界与个体的未来命运，去拥抱勇气和善念。

　　作为中国唯一的世界文学之都，南京冲破疫情阻隔，放大申都成功效应，敏锐体察、迅速行动、不断探索，以国际文学交流为媒，携手全球文学之都共同抗击疫情，开展作家驻地计划、创意励志海报、探索城市的文学映象、线上虚拟体验、"面对面"交流等，给创意城市网络带去一个又一个惊喜和慰藉。

　　2020 年，由于全球疫情形势严峻，世界文学之都网络常态化交流项目特别是驻地计划几乎全部延期或取消。南京作为新晋成员，率先发出倡议，继续推行此项目，并创新采用线上体验互动的"云驻地"模式。

2020 年南京国际文学家驻地计划创新采用线上体验"云驻地"模式

"受诺里奇、南京和曼彻斯特文学之都伙伴的启发，我们将于 11 月发起一个线上的作家驻地计划。"这是 2021 年文学之都墨尔本全球倡议的开头第一句。

在 2021 年联合国教科文组织世界文学之都年会上，"南京国际文学家驻地计划"作为联合国教科文组织创意城市网络成功项目案例进行了分享。该项目影响和带动墨尔本等其他城市纷纷效仿，乌里扬诺夫斯克更于会后专门发出邀约，展开更为细致的项目座谈交流与更加深入的专业探讨。

南京"云驻地"模式为疫情期间驻地计划的实施开辟了一种崭新的模式，也为疫情困扰下的各文学之都城市带去鼓舞，起到了振奋人心的作用。南京的首次亮相就显著提升城市影响力，日益壮大国际朋友圈。

南京一直在多渠道、多举措为中国青年创造国际交流合作的机会和舞台，致力于让南京成为全国青年文学家的聚集地和走向世界的窗口。为此，"世界文学之都"架起一座座从南京到世界的桥梁，"南京国际文学家驻地计划"是最重要的一座。

在国际跨文化对话的历练中，中华文化自信已经成为每一位南京作家的精神气质；面向世界讲好中国故事，已经内化为南京作家的自觉行动。

目前，已有十余位南京作家、诗人、编剧等参与国际文学家驻地计划，与来自美国、英国、德国、西班牙、俄罗斯、澳大利亚、乌克兰、南非、巴基斯坦、伊拉克等国家的著名作家、诗人、编剧、新闻工作者等展开对话交流。这些参与者，以青年为主。

2021年的驻地计划延续了"云驻地"模式，遴选出的6位国外作家都非常优秀，他们中有的作品受到新西兰首相推荐，有的获得美国国家文学艺术基金资助，有的荣获英国"戴安娜"奖。这次交流进一步加深了各个世界文学之都对中国文化的理解和热爱，推动不同文化的资源融合共享；同时为南京作家尤其是青年作家搭建国际舞台，拓宽视野，积累经验。

从2019年到2021年，从接纳一两位国际作家，到吸引近百位国际作家，南京集聚了一批优秀的、热爱中华文化的国际作家、诗人、学者。南京，正在成为世界创意城市网络中一个熟悉而美好的名字。

2020年有20余位国际作家报名申请，7位作家入选；2021年有40余位作家报名申请，6位作家入选。在国际作家了解中国的热情推动下，"南京文学之都国际写作中心"应运而生。

2021 年南京国际文学家驻地计划

　　在特殊的双重背景下，中心希望借此建立全球跨文化驻地港湾，打造国际驻地作家线上交流平台，强化和放大南京国际文学家驻地计划的成果，壮大"文学之都朋友圈"，为长期高效赋能城市发展，讲好南京故事和中国故事，传播全面真实立体的中国形象提供国际平台。

第七章

跟着文学游南京

文学之都，偏偏南京！篇篇南京！

文学之都的桂冠已经翩翩而至，南京千年的文学篇章灿如星河。了解南京的过去，读懂南京的现在，祝福南京的未来。

在这最后一章里，让我们静静徜徉在这六朝古都里，看看那些文学景观，打量那些书店、那些读书的人、那些写书的人。文学在南京是如何鲜活存在的？文学在地域中留下了哪些印记？最重要的是，文学作为一种生活方式，如何进入我们的记忆和文化？我们仔细探寻那些盛放文学的地理空间、物理空间和物质空间，比如南京的文学地标、书店、剧场、读书会、书籍装帧等等，从而感受不同于其他城市的文学风貌。

刘元华 摄

文都探幽：想今年燕子，依然认得，王谢风流

　　十八岁离开家乡之前，我走过的最远的城市就是南京。那是一次特殊的旅行，当时有来自江苏各地的数百名中学生聚集在建业路的党校招待所里，参加一个大规模的中学生作文竞赛。三天时间，一天竞赛，一天游览，一天颁奖。现在我已经忘了那三天的大部分细节了，因为我名落孙山，没有资格品尝少年才俊们光荣的滋味，相反我记得离开南京时闷热的天气，朝天宫如何从车窗外渐渐退去，白下路、太平南路上那些大伞般的梧桐树覆盖着寥落的行人和冷清的店铺，这是一座有树荫的城市。它给我留下了非常美好的印象，后来我们一大群人在火车站前的广场候车，忽然发现广场旁边的一大片水域就是玄武湖。不知是谁开了头，跑到湖边去洗手，大家纷纷效仿，于是一群中学生在玄武湖边一字排开，洗手。当时南京的天空比较蓝，玄武湖的水也比现在满。我记得那十几个同伴洗手时泼水的声音和那些或者天真，或者少年老成的笑脸。二十多年过去以后，所有人手上的水滴想必已经了无痕迹，对于我，却是在无意之中把自己的未来融进了一掬湖水之中。除了我，不知道当年那群中学生中还有

谁后来生活在南京。

……

如今我已经在南京生活了多年。选择南京作为居留地是某种人共同的居住理想。这种人所要的城市上空有个灿烂的文明大光环，这光环如今笼罩着十足平民的生活。这城市的大多数角落里，推开北窗可见山水，推开南窗可见历史遗迹。由于不做皇帝梦，不是什么京城，所以城市不大不小为好，在任何时代都可以徒步代车。这一类人不爱繁华喧闹也不爱沉闷闭塞，无法拥有自己的花园但希望不远处便有风景如画的去处。这类人对四周的人群默默地观察，然后对比着自己，得出一个结论，自己智商超群强干，而他们淳朴厚道容易相处。这类人如果是鱼，他们发现这座城市是一条奔流着的却很安宁的河流。无疑地，我就属于这样的人，我身边还有很多朋友，他们的职业几乎都是一种散漫的自我中心的职业，写作、绘画，他们在这里生活得非常自得，这局面似乎是一种不劳而获的胜利，皇帝们无奈放弃的城市，如今成为这类人的乐园。

2021年12月，新华报业传媒集团与南京市共青团共同举办跨年诗会，作为撰稿人，我被要求选择一位南京作家，现场朗诵自己描写南京的作品。我选择了苏童和他的散文

《在明孝陵撞见南京的灵魂》，从中选择了上面的两段文字，请苏童老师过目，他很爽快地答应了。现场朗诵时，背景大屏上推出了玄武湖、明孝陵的画面，观众仿佛听到了一个作家少年时代遇见南京的那一清脆瞬间。掬水玄武湖畔的少年苏童，肯定不会想到以后的岁月会与这座城市长久相伴。很多人以为苏童是个苏州作家，其实他早已融入了南京的生活。

"这城市的大多数角落里，推开北窗可见山水，推开南窗可见历史遗迹。"

在悠久的历史当中，无数的文人歌咏过南京的草木山河，南京的许多角落都留下过精彩的文学印记，这些印记与作品构成了奇妙的对应，也共同构成了南京的文学地图。我们可以拉出一个文学作品与场所对应的清单，例如——

六朝时期

刘义庆《世说新语》——新亭、王谢古居、乌衣巷

刘勰《文心雕龙》——刘勰与《文心雕龙》纪念馆

王献之《桃叶歌》——桃叶渡

周处《默语》《吴书》《风土记》——周处台

陈叔宝《子夜四十歌》——胭脂井

隋唐、五代时期

崔颢《长干曲》——长干桥、长干巷

刘禹锡《金陵五题》——石头城、乌衣巷、朱雀桥

李白《登金陵凤凰台》——南京凤凰台遗址公园、白鹭洲公园

李白《长干行》——长干里

杜甫《送许八拾遗归江宁觐省，甫昔时尝客游此县，于许生处乞瓦官寺维摩图样·志诸篇末》——南京凤凰台附近小巷"金粟庵"

杜牧《泊秦淮》——秦淮河

杜牧《江南春》——鸡鸣寺

韦庄《台城》——台城明城垣历史博物馆

李煜《虞美人》、李璟《浣溪沙》——清凉山公园、南唐二陵

宋元时期

王安石《泊船瓜洲》《桂枝香·金陵怀古》——海军学院内的半山园、定林山庄的王安石纪念馆

陆游《登赏心亭》、辛弃疾《念奴娇·登建康赏心亭呈史留守致道》——赏心亭

萨都剌《满江红·金陵怀古》《念奴娇·登石头城次东坡韵》——石头城

明清时期

宋濂《阅江楼记》《游钟山记》——阅江楼

袁中道《游居柿录》——清凉山、牛首山

李渔《闲情偶寄》——芥子园

余怀等《板桥杂记》——秦淮河风光带

袁枚笔记小说《子不语》、散文《祭妹文》——袁枚墓、随园

吴敬梓《儒林外史》《文木山房集》——吴敬梓故居、江南贡院

曹寅《楝亭诗抄》、曹雪芹《红楼梦》——江宁织造府、曹雪芹纪念馆、红楼艺文苑等

孔尚任《桃花扇》——媚香楼

汤显祖《牡丹亭》——莫愁湖

现代

鲁迅、巴金、朱自清、俞平伯、张恨水、张爱玲……

近现代以来，更多的作家来到了南京，或者寓居南京，他们都曾在南京留下创作的身影，他们的作品很多涉及南京。这些作品迥异于其他地域的文学，呈现出了一种复杂的南方风格。这种风格不是我们一般印象中的飘逸、阴柔、华美或赢弱、儿女情长，还有刚强、激愤、中流击水、怒发冲冠、家国情怀。很多的文学作品刻上了时代的印记、作家的心路

历程，甚至影响作家的人生选择。

我们去夫子庙的江南贡院游玩，脑海中不仅要浮现出《儒林外史》里周进撞号板的惨痛一幕，也应该想起陈独秀记述自己江南乡试所历所见的那荒唐情景：

一条号筒内，总有一两间空号，便是这一号筒的公共厕所，考场的特别名词叫作"屎号"；考过头场，如果没有冤鬼缠身，不曾在考卷上写出自己缺德的事，或用墨盒泼污了试卷，被贴出来，二场进去，如果不幸座位编在"屎号"，三天饱尝异味，还要被人家议论是干了亏心事的果报。那一年南京的天气，到了八月中旬还是奇热，大家都把带来的油布挂起遮住太阳光，号门都紧对着高墙，中间是只能容一个半人来往的一条长巷，上面露着一线天，大家挂上油布之后，连这一线天也一线不露了，空气简直不通；每人都在对面墙上挂起烧饭的锅炉，大家烧起饭来，再加上赤日当空，那条长巷便成了火巷。煮饭做菜，我一窍不通，三场九天，总是吃那半生不熟或者烂熟或煨成的挂面。有一件事给我的印象最深，考头场时，看见一位徐州的大胖子，一条大辫子盘在头顶上，全身一丝不挂，脚踏一双破鞋，手里捧着试卷，在如火的长巷中走来走去；走着走着，上下大小脑袋左右摇晃着，拖长着怪声念他那得意的文章，念到最得意处，用力把大腿一拍，翘起大拇指叫道："好！今科必中！"

这位"今科必中"的先生，使我看呆了一两个钟头。在这一两个钟头当中，我并非尽看他，乃是由他联想到所有考生的怪现状；由那些怪现状联想到这班动物得了志，国家和人民要如何遭殃；因此又联想到所谓抢才大典，简直是隔几年把这班猴子、狗熊搬出来开一次动物展览会；因此又联想到国家一切制度，恐怕都有如此这般的毛病；因此最后感觉到梁启超那班人们在《时务报》上说的话是有些道理呀！这便是我由选学妖孽转变到康、梁派之最大动机。一两个钟头的冥想，决定了我个人往后十几年的行动。我此次乡试，本来很勉强，不料其结果却对于我意外有益！㉔

——陈独秀《江南乡试》

从考功名到干革命，陈独秀的人生转折不能不说从这一次乡试就注定开始了。如果不是彻底看透了封建体制之腐朽不堪，也不会让这位"旧文人"激烈蜕变，跨入了一个新时代，从此走上了职业革命家的道路。

无须学费的学校在南京，自然只好往南京去。第一个进去的学校，目下不知道称为什么了，光复以后，似乎有一时称为雷电学堂，很像《封神榜》上"太极阵""混元阵"一类的名目。总之，一进仪凤门，便可以看见它那二十丈高的桅杆和不知多高的烟通。

——鲁迅《琐记》

1898 年 4 月，鲁迅考入江南水师学堂轮机班，同年 11 月因不满该校的恶劣风气退学，12 月考入矿路学堂。"上穷碧落下黄泉，两处茫茫皆不见。"荒诞地混了三年，"走异路，逃异地，去寻求别样的人们"。最后却无路可走，只好出国。在学堂时，鲁迅开始接受新思想，探索新人生，并写下"灵台无计逃神矢，风雨如磐暗故园。寄意寒星荃不察，我以我血荐轩辕"的诗句。

《琐记》一文，形象地追忆了作者到南京求学前后的情况和他接触《天演论》、受进化论思想影响的经过。这段南京求学的路，是以后鲁迅到了仙台弃医从文的一次预演。

矿路学堂附属于江南陆师学堂，由两广总督张之洞于光绪十六年（1890）奏请创办。

矿路学堂遗迹如今位于南京市鼓楼区中山北路 283 号，属于江苏省文物保护单位，占地面积 273 平方米。当地还设了个鲁迅园社区，以纪念鲁迅先生。感兴趣的人不妨去转转，一睹鲁迅当年上的这个"假大学"遗迹。

扬子江边的杨柳，大群配着江水芦洲，有一种浩荡的雄风，秦淮水上的杨柳两行，配着长堤板桥，有一种绵渺的幽思。

而水郭渔村，不成行伍的杨柳，或聚或散，或多或少，远看像一堆翠峰，近看像无数绿幛，鸡鸣犬吠，炊烟夕照，都在这里起落，随时随地里是诗意。

——张恨水《白门之杨柳》

言情小说大家张恨水与南京渊源颇长，在他的作品中有大量的篇幅是以南京为背景的，小说有《石头城外》《丹凤街》《秦淮世家》，散文有《白门十记》《南游杂志》《忆南京》等等。

1936年九一八事变后，张恨水举家迁来南京，住在南京城北。朋友鼓动他出资办报。张恨水拿出4000元积蓄，在中正路租下两幢小洋楼，后来扩大为三幢，先后买了四部平版印刷机，铸了几副铅字，办起了《南京人报》。凭借一支生花妙笔，首卖就高达15000份。要知道当时的南京人口也不过一百多万。要不是抗日战争全面爆发，日军进攻南京，张恨水很可能会在南京写下更多的文学作品。

在一系列散文中，张恨水都提到了南京城北，比如《秋意侵城北》，记城北生活。所谓城北，大致指鼓楼北边，在当时不属于繁华地带，接近乡野。看过了丹凤街，不妨顺道出了城，去南京的城北地带看看。许多年前，那里还有一片片的老厂房，都是大厂，甚至还有二十世纪六七十年代的人民公社老建筑，如今，随着城市的扩展，也渐渐地消失了。

浦口火车站 刘元华 摄

好在，时代变幻，江山难改，那城北地带的幕府山、燕子矶、栖霞山依然江流石不转，看着这座城市的每一天。

"我买几个橘子去，你就在此地，不要走动。"1918年冬，朱自清去北京上学，在浦口火车站与父亲话别，写下了散文名篇《背影》。

如今沿着荒废的浦口火车站轨道行走，我们能记起的不应该仅仅只有《背影》，还有很多有故事的人。

1919年春，毛泽东送湖南留法学生去上海，在浦口火车站丢失了一双布鞋，陷入困顿，幸遇老乡，解了燃眉之急（见斯诺的《西行漫记》）；1919年，孙中山在《实业计划》

里把浦口列入建设重点；1927 年，郭沫若在浦口火车站中转渡江，到南昌去寻找革命同志；1929 年 5 月 28 日，孙中山灵柩运达南京时曾在此稍做停靠……伟人的足迹，传奇的色彩，历史的脚步，国家的命运，文字漫卷，风雨入怀。

北京师范大学教授张清华指出，自东晋以后，中国文化的中心经历了一个南迁的过程。"蓬莱文章建安骨，中间小谢又清发。"从"陶谢"开始，南方景致便不再是地方性意义的元素，而是中国文人精神的故乡了。唐宋之后，中国诗歌与文学中的核心地带，无疑已经迁至狭义的"江南"，或是广义的"南方"了。

对当代中国文学而言，南方、江南，同样不仅意味着一个省份、一个地域，而且意味着某种根基性的东西，甚至在某些时期还是潮流性的东西。20 世纪 80 年代开始的新潮文学运动，就是从南方兴起的。在这个由江浙沪构成的"三角构架"中，江苏又更可谓底气丰厚，人才辈出，为中国当代文学的进步贡献了太多重要的作家与经典的文本，甚至可以说贡献了一个现象，一个群落的奇观。㉕

这些奇观不是突兀的存在，不是宏大的叙事，而是自然天成地融入南京这个城市的毛细血管，润物无声地伴随日常生活。街角拐弯处，就是汤显祖喝过酒的楼；衰草斜阳下，就是《世说新语》里风流人物的墓。出城的高速公路旁，就是晋人对泣过的新亭；大学校园的一角，就是袁枚踩过的小路。

"白日不到处，青春恰自来。苔花如米小，也学牡丹开。"

"斜阳草树，寻常巷陌，人道寄奴曾住。"

体验南京城市文学景观和文化记忆，最好的方式就是漫步于南京城的寻常巷陌、名山大川。

"伦敦有 26 条文学之路，我们南京能不能建设类似的文化地标？"南京市作协副主席薛冰说，从 20 世纪 80 年代起，人们提到南京的城市文化定位，就一直是众说纷纭。从"秦淮文化"到"悲情城市"，从"和平之城"到"博爱之都"，虽然都有一定的道理，但也都不能体现南京这座城市最丰厚的底蕴。而"文学之都"的被命名，给了南京精准的发展方向，接下来要做的事情就是打造全新的"文学项链"，重新串联、整合丰富多样的南京"文化珍珠"。

"如果把跟南京相关的文学家、文学名著，包括那些文学名著中提到的南京场景，都设立成南京文化地标，我估计应该不少于 100 个。"市民也好，游客也罢，行走在南京城，可以如此这般邂逅诸多的文学地标，薛冰认为，无论对于本地居民还是外地游客来说，都加深了南京"文学之都"的品

　　　　　　　　　　　世界文都 南京密码

牌效应。

近年来，于漫步中品读城市文脉、建筑精粹、历史风华的"城市行走"活动受到不少人的喜爱。南京获评文学之都后，有关方面着手开辟数条以"文学南京"为主题的旅游线路，包括"南京古典文学大师遗迹"展馆专线、"南京现代文学大师故居参观"文旅专线、"文学名著中的南京"专线等，扩大南京文学的影响力，让真善美的文学精神深入民间。

其实，"城市行走"的概念最早来自英国伦敦，人们用行走来品味城市特色和文化。2012年前后，城市行走在中国流行起来，广泛用于城市探索体验类旅行中，而且概念得到延伸，有人叫它"城市探索"。

南京到处是文物古迹、历史名胜，俯拾皆历史。街巷遇展馆，生活见艺术。市民可以在街头巷尾打卡各式各样的城市微展厅，在日常生活中与文艺相遇。

作为2020南京文化艺术节的一项重要活动，由南京市委宣传部、南京市文旅局、南京市文联主办，南京市文联新文艺群体工作委员会承办的"见微知著——南京新文艺24+城市微展"，自开幕以来受到了市民的热烈欢迎。

观筑历史建筑文化研究院院长、著名设计师陈卫新说："地图是浓缩的城市发展史，城市变迁的细节会在不同时期的地图当中有所呈现。"

"见微知著——南京新文艺 24+ 城市微展"开幕后，全城共有 24 个微展厅免费对市民开放，串联出南·传、北·承、东·尚、西·艺 4 条各具风格的城市微展线路，绘制成一份独具金陵韵味的"南京文艺地图"，邀请市民打卡参观。在老门东、熙南里、颐和路、湖南路、富贵山、莫愁路、黄山路……市民都可以看书画、赏古玩、品时光，感受文化之美。24 个小小的空间，汇聚在一起就是大大的容量。

陈卫新是"见微知著——南京新文艺 24+ 城市微展"的主策划。他还是南京先锋书店、24 小时云书房的设计师。他在朋友圈里写下："一座文化城市的文艺表达并不一定在于宏大的建筑、巨幅的海报，也可以就在你身边的寻常街巷里。"

在南京，除了这些碎片式的散落景点，博物馆也早已成为南京的新网红，吸引着全国各地游客前来打卡。

截至 2019 年底，南京共有 58 座登记备案的博物馆，除了南京博物院、南京市博物馆等各具特色的文博界网红，南京还在积极打造南京博物院故宫馆、南京市博物馆新馆、南京城墙博物馆、南京名人馆、南京党史综合设施等文博场馆。

南京全市博物馆历年的参观人次、临时展览和社教活动数量逐年递增，根据 2019 年博物馆（纪念馆）运营管理指标统计，全市博物馆共举办展览 315 场，组织社教活动 5180 场次，参观人次约 4058 万人次，年接待参观人次在全省十三个设区市中位列第一。

　　跟着文学游南京，你撞见的不仅是南京的魂，还有中华文化的魂。走在明孝陵的石像路上，你的脚步要轻，不要惊醒那些沉睡的灵魂；荡漾在秦淮河畔，你的感喟要深，不要辜负桃花扇底的南明的风；登临鸡鸣古寺，你的眼界要宽，不要只望见南朝那四百八十寺，隐约在烟雨楼台中；春风又绿江南岸，推窗望月的时候，你会由衷地对南京致敬，请不要忘记那些穿行在茅店月板桥霜、石头城夜航船上披星戴月背负文脉的旅人。

城市文学客厅

明城墙 刘元华 摄

书店空间：半城烟雨半城书

有人说，一座城市的灵魂，藏在书店中。

南京城，除了满街的梧桐树，还有大街小巷里静静藏着的书店。"寂寂寥寥扬子居，年年岁岁一床书。"这或许是古人的读书理想。但，半城烟雨半城书，却完全可以生动地描摹书香南京。

2021 年 4 月 17 日下午，位于鼓楼区广州路 173 号的先锋书店内人流密集。在其标志性的黑色十字架下，随处可见戴着口罩、举起手机拍照的青年男女，而两旁陈列着的书籍，却从主角变成了背景板。

而在当天的下午 3 时，第一届先锋书店诗歌奖颁奖典礼在先锋汤山矿坑书店举办，颁奖典礼现场，诗人、音乐人、画家、建筑师等各行各业的佼佼者们齐聚一堂。那是先锋书店的另一处新空间。

喧嚣与寂寞并存，读者与网红杂处，作为南京的文化地标之一，先锋书店是个独特的存在，有人说是文青的集散地。

五台山这家面积将近 4000 平方米的地下停车场书店，已经存在超过 10 年。而先锋书店，已经在南京存活了 19 年，被《国家地理》杂志评为全球十佳书店。

如今的先锋书店，不断地在全国各地开着特色主题店，其志果然在"大地上"。

可以看书、买书，可以打卡，还可以看看书店里那处留言墙。南来北往的读者写在上面的留言，总有一句话会打动你。

中国的作家到南京的书店搞一次签售活动，不管你名气大小，都会有许许多多的观众和读者坐在你面前，听你夸夸其谈，或者侃侃而谈。这就是南京，这就是南京的读者。

一本书，从进入书店，到上架，到流转到读者的手上，会经历什么样的过程？那些24小时亮灯的书店，是谁深夜里还去看书买书？那些热热闹闹的网红书店，能赚到钱吗？这一节里，除了网红先锋书店，让我们再来认识几家书店，同时也通过这些书店老板的讲述，一窥书架背后的秘密。

大众书局：喜欢开进商场里的精品书店

位于新街口商业区的国药大厦一楼，有一家书店。对着地铁口，门口还有个城市雕塑：一辆人力车，前面停着一个车夫，望着前方的高楼。

大众书局，一家喜欢开到商场里的连锁书店。

扎根南京多年的大众书局，是民营书店里最早把书店当作品牌来经营的，也是第一家定位书店为零售业的企业。

"书店不能当作一个很好的投资行业，投资回报率低，做不大！"2020年8月26日，大众书局创始人、江苏大众书局教育文化产业有限公司董事长缪炳文在他国贸31层的办公室里，谈书论文，谈笑风生，观点独特新颖，很有启发。

缪炳文，南京大学化学系毕业，曾经做过多年的老师，创办大众书局之前，其实已经投资了很多领域。"十八年前，我误打误撞，走进了图书发行这个行业，经历了实体书店的发展和变化的历程，体味了其中的酸甜，也让自己爱上了这个行业。"

他坦承，目前来看，实体书店的综合毛利率相对于其他很多行业来说是比较低的，而管理成本却相对较高。从读者角度看，他会认为一本书的单价太高了；可是从书店角度看，一本书的定价就那么点钱，付出的各种成本却很大。

图书的平均毛利率只有百货公司的60%～70%，产值偏低、商品单价偏低、频效偏低，这三低决定了图书零售无法做大，所以我们会发现，很少有大企业来做书店业，他们宁可进军影视业。但是，为什么一些商业机构还要引进实体书店呢？因为他们看中的是图书具有的随机消费性。

"有人把书定义为奢侈品，为什么？就是因为书是可有可无的东西，在某种程度上，类似于女人的 LV 包，不一定必须买，但是，随时会冲动了买。商业综合体里有书店，就能让一些消费者停下来，进去转一转，不一定买书，但可以帮助商场提升聚客的能力。"

行业内长期有一个说法，那就是房租成本是实体书店最大的成本，他认为确实如此，但凭良心讲，相对于其他很多业态来说，实体书店的房租成本实际上是很低的。作为购物中心（shopping mall）和商业街区等重要的配套或主题业态，房东在引进实体书店的时候，往往对书店的房租预期都比较低，房租成本对同样属于零售服务行业的实体书店来说，已不是劣势，而是一种可以利用的优势。

"如果实体书店出现经营上的困难，期冀房租更低，或政府干预来降租，这个空间已经不大。实体书店虽然具有一定的半公益性质，需要扶持，但终究作为一个商业的存在，必须最终依靠自身的商业模式和价值而生存和演化。但实体书店要想摆脱困境，必须靠自身观念的改变。"

"我现在 80% 的时间放在书店上，我有这个情怀，因为我爱书，但是也不能纯粹为情怀。企业是一群人在努力，不能要求所有的员工都为你的情怀而工作。因为，做书店业，心态很重要，不能指望赚大钱，但也不能不当作一个企业来做，要好好经营。目前大众书局整体上运行良好，能够保持一定的盈利，这就够好的了。"

当然，大众书局不仅仅是在卖书，它的多元化投资经营显然不为普通读者所知。大众书局曾经收购了"逐浪文学网"，经过数年的经营使其成为国内知名的文学网站之一，尔后将其出售给一家境外上市公司，使公司取得较好的收益。

大众书局参与了 A 股上市公司"皖新传媒"上市前的改制，通过市场手段成为其战略投资人，三年后取得了较高的投资收益，为大众书局的后续发展又一次打下了坚实的基础。

大众书局还获得了央行颁发的"第三方金融支付牌照"。在国家要求持牌经营之前，大众书局已经从事第三方支付业务多年。当时实际从事这项业务的实体企业并不多，实体书店仅大众书局一家。

"因为我不完全指望卖书来赚钱，所以我做书店就不会搞短期行为，而是有规划有步骤，也可以有点情怀。"缪炳文放声大笑。

实体书店为了应对新形势，都在走个性化多样化路线，但新的书店又不断进来，怎么看待书店业的激烈竞争？和一些网红书店相比，大众书局似乎在以不变应万变，这种策略是否可行呢？

缪炳文对此的回答是：大众书局始终在关注自身的定位，一开始就没有想把它做成一家独立书店。"因为我最初从事的领域就和零售业有关，所以我做书店也是从百货公司的角度来看待的。一个城市有一家独立书店就足够了，即使在北京、上海这样的城市，有 1 ～ 2 个品牌的独立书店也够了，我们更做不了新华书店那样的规模，而且新华书店，已经深入人心，我们希望把大众书局经营成为'大众化的精品书店'。"

目前大众书局全国开设有约 50 家书店。大众书局的策略是稳步发展、谨慎投资，在扩张新店方面，坚持每年开出三五家，不超过十家门店，目标是希望做一个中型的连锁而不完全复制的书店。

世界最美书店、网红打卡地，近年来，书店业刮起了一股美容风。高颜值、惊艳成为许多书店的卖点，对此缪炳文不反对，"一开始我也干过，投了好几千万，说实在的，单靠貌美如花，无法赚钱养家！"

大众书局在书店颜值的投入上有自己严格的标准，"希望这是一家漂亮的书店，有格调的书店，舒适的书店，有一定当地文化元素和自身标签的书店，但我们更关注研究消费者对消费环境的满意度，我们希望能够提供更好的产品与服务"。

缪炳文所说的服务内容之一就是大众书局独有的选书把控流程。全国每年出版图书40余万种，一家中型的书店最多也就装2万种，如何优中选优，把合适的图书摆上销售架，送到读者手中？大众书局的模式是不接受出版社的组发，供应商主配方式在大众书局原则上是不允许的，也就是不被动收书、来者不拒，而是要经过甄选流程，把书局认为好的书选到书店里来。

走进大众书局的读者，眼中可能看到的只是一本本书，可是为什么是这本书放在最显眼处，为什么那本书打出了那样的宣传语？透过缪董的详细讲解，读者或许会豁然开朗：一本书从出版社到书店再到读者手中，竟然会有这样不为人知的"漂流"过程。

缪董透露的第一个秘密是：大众书局销量最大的书是文学类书籍。"这充分说明南京人是热爱文学的。"

大众书局的主力图书品类是文学、社科、儿童、教育和生活，另外还单独列出一个畅销类别来。采购部门每周召开选书会议，每位负责人对接不同出版社，根据出版社提供的年度出版目录、重点出版书目进行沟通交流，然后再提交给上级部门进行讨论，最终经过管理层领导同意进书。书局还设立图书情报分析岗位，根据每家书店的区域特征补充其他类别。缪炳文也偶尔参加选书会，员工们和他开玩笑说：缪董选的书，都是我们看不懂的书。

书局每周要选出上千种图书，那么，选书有什么标准呢？一句话：适合消费者看的书。

首先卖相要好看。装帧设计漂亮，书名起得好，推荐语吸引人。其次是内容的把关，按照书店品类进行甄选。书店要求员工即使不能通读全书，也要对内容有个大致了解，要有对读者表达最大诚意的方式，认真研究顾客的生活习惯，挑选出优秀的值得读者长期阅读和收藏的图书和相关生活用品。

书选进来以后，就看它的命运了。是被读者看中了，买走了；还是只被翻翻，又放回了原处；还是无人问津，被店员一点点地往角落里摆放，最后落得个回到废品库，化成了纸浆。书如同人，各人各命，冥冥中自有天意吧。一本书，一般的在架率是三个月。超过三个月还卖不动，这书就要挪挪地方了。可能往书架的最底下摆，也可能摆到书架的最顶上。那里读者的视线几乎很难看到了，谁还会踩着高高的铁凳子，爬到书架顶上翻书看呢。当然，一些名家的新书会有特殊的待遇，即使一时卖不动，也会稍微调整一下位置，放的时间长一点。

网络时代，越来越多的读者去网络上淘书了。实体店未来的竞争力在哪里？

相比于实体书店，网络书店可以打折，有的甚至打半折，这确实对读者有巨大吸引力。但是，缪炳文认为，价格并非网店的主要优势。我们可以设想，普通中国人一年就算能买500元的书，网店打三折，也不过省下150元，而这150元很可能是经过几次购买形成的，平均下来，每次也就节约个十几元的钱，不够他吃碗面的。因此，单从价格优势角度来比较实体店和网店的优劣，不科学，也不现实。事实上，网店盈利的并不很多，大多数仅仅能维持运营，只有几个头部企业能做到一定的市场占有率，比如当当网、淘宝等。但是，某种程度上，这些网店图书的所谓打折，不过只是一个引流的入口，目的是带动其他商品的消费。这和商业综合体里设置实体书店的动机是相似的。

正因为始终保持着对书店业的清醒认识，大众书局不仅做好实体书店的良性运营，还引入互联网思维，开展多形态的书店营销活动。比如推出图书借阅模式，只要不影响二次销售，会员可以从书店借书读。下一步，大众书局还要对书店进行细分布局，比如开设亲子书店、文学书店。

"我想为文学殿堂开设一个专题书店，让全中国作家的书都能在这里展示，世界上最好的文学书都能在这里看到。"说起这个构想，缪炳文不由地又流露出了他的文学情怀。我们期待，在世界文学之都里，一家文学书店应时而开，书香袭来。

大众书局（大众书局提供）

奇点书集：写字楼小姐姐们的"社交空间"

与先锋书店的文青路线、大众书局的拥抱商业风格不同，奇点书集走的是一条文化社交空间的路子。

奇点书集坐落于南京羲和广场，空间面积1800平方米，汇集了书店、艺廊、美学生活馆、咖啡馆、设计师服装等多元时尚业态，目标是打造都市新生活社群热爱的文化公共空间。

作为南京一家新生的独立书店，奇点书集在2019年9月6日的开业活动，几乎吸引了半个南京文艺界的人士前来。一个月之后，南京获评世界文学之都。

书店目前有店员16人，两层楼，楼下附有餐饮空间，提供简餐、咖啡、轻食等。店员分为两拨，一部分做选书、售书的店内工作，一部分做活动策划、空间设计、公号维护运营等。

为什么叫奇点？

公司经理杨润康解释，奇点（singularity）是一个具有多重含义的概念，包含了未定义、极限、起始点、时空分界等解释，与当代都市人对生活本质的理解，以及对多元生活方式不懈追求的理念高度契合。

无论从空间设计还是书店的风格定位，奇点书集都属于风格强烈的艺术体验。步入长长的玻璃阶梯，时空隧道的感觉扑面而来。

奇点书集是两位国内重量级的设计师孙云与赵清合作的作品。作为鼎鼎大名的内建筑设计事务所的联合创始人，孙云曾被马云亲自邀请设计阿里巴巴的滨江总部大楼及其私人住宅。赵清则是国内平面设计领域顶尖的艺术家之一。顶尖设计师的灵感碰撞，为奇点书集带来了奇妙的视觉感受。

为了让书店空间布局更时尚，奇点书集的投资方投下了一千多万做装修。"我们还在外面修建了广场，这个都没算在成本里，靠卖书真的赚不回来的。"

投资方之所以能这么大手笔，因为他们是地产商，有底气。

"书店开业之前，我们做过一些调研，前后筹备了两年。我们投资方本身是开发商，有自己的写字楼、住宅等项目，书店所在的这处空间面积不大，也不适合做商业体，后来调查发现，玄武区城墙范围之内，竟然没有一家像样的书店，这与区域文化布局很不相称。所以我们决定开一家有特色的书店。"

奇点书集（奇点书集提供）

特色在哪里呢？杨润康认为在差异化的经营模式。

一是空间的差异。设计空间特色鲜明，对书店的风格布局也作了现代化的改造。

二是目标消费者的差异。一般人印象中，像网红打卡地一定是文青才喜欢来的，但是奇点书集对消费人群的认知不限于文青这个读者群体，也不一定是太年轻的人。

"我们所处的区域周边遍布写字楼，楼宇经济及其人群具有一定的消费能力。因此，进我们店里的大多是写字楼里的小姐姐们。她们不一定喜欢看书，但是，只要进了我们的空间，我们愿意给她们提供一个文化休闲社交空间，慢慢培养读书的习惯。"

三是书籍选择的差异。"我们发现，一些书店过于突出个性化，导致书店里没书，或者书的比重过低，把书店变成了百货店，这就失去了书店本来的面目。"

奇点书集一方面不能像一些大书店那样进书过多，因为空间有限，也不能让书的占比过低，因此，努力控制在一个相对平衡的配比上。目前店里主要限于文学艺术、设计、生活类图书，同时选择一部分社科类图书。内容的选择上追求流行的新书，因为还是要照顾到读者的群体，这样的一些选择不会让他们进来后感觉到书少。

作为一家文艺类的书店，艺术类书却销售得不是太快，这可能与这类书籍的定价过高有关。奇点书集的做法是把这类书打开，让读者随便阅读，积累人气，以后打折卖。

"我们文化空间设计得偏年轻类，老书虫进来翻翻书后可能会感到失望，不一定能坐得下来。能坐下来的，也不是我们传统观念之中的读书人。我们观察到，他们对阅读购书并不排斥，但来书店不一定就要买书，因此，购买消费行为具有不确定性。对此，我们能做的就是引导和沟通，努力唤起他们的阅读和购买欲望。我们不是小众书店，其实做的还是大众文化类书籍的普及推介。"

杨润康在没担任总经理之前，投身房地产行业已经20年，做过策划、销售和招商，经历过房地产行业海量资金大进大出、挥金如土的日子，如今转行做书店，精打细算过日子，感觉完全不一样。

出生于60年代的南京人杨润康，是一位典型的"书虫"，他每星期至少看两本书，一年阅读量超过100本。

"我很爱读书，去年一年就花了两万块钱用于买书。因为从小喜欢逛博物馆、美术馆，读书偏好历史、考古，为此还专门去南大上考古课。喜欢一件事但不能当职业，选书也不能全选对自己口味的书，这事只能交给团队去做。"

杨润康承认，如果没有一定的依托，单纯靠书店卖书取得商业回报，实在很难。

"我们当初开店的时候，预测三年后书店可以做到盈利，可是谁也没想到疫情突如其来，许多事情发生了重大变化。受疫情影响，读者到店率大幅下降，书店配套的餐饮经营方也失去了信心。好在目前形势在慢慢好转，书店里每周都能举办一些活动，总体上是在往上走。"

就在本书作者走访书店的前一个周末，书店邀请了《小王子》的翻译、南京大学法语系教授黄荭做了一场讲座，没想到来了很多人，读者不停地提问，现场互动热烈。"我们不指望现场能卖多少书，倒是希望这种读者和作家之间的互动能够多做一些，我们书店在大众文化普及方面也算作出了贡献。当然，如果能在商业和理想之间达到一个平衡，那就更好了。"

书店目前在做些尝试，比如空间的租赁，与培训机构合作；品牌的嫁接拓展，如在文化产业园设立联合图书馆，与一些房产项目合作建设文化空间，举办展览、表演、研讨等等文化活动，拓展盈利空间。

目前来看，奇点书集不仅仅是一个书店，还是一个文化社交空间。

实体书店正悄然完成着从"人文空间"到"社交空间"的行业转向。在消费时代的裹挟下，越来越多飘荡在城市中的自由灵魂迫切渴望一个得以小憩片刻的精神家园，而实体书店正为这种精神需求提供了线下场域。

"24 小时"云书坊：希望读者在这里忘却时间

随着电商平台的崛起，实体书店的生存愈加举步维艰。南京的多家实体书店也在积极寻找破局之路。颜值还是概念，大众抑或精品，选择走个性多样化路线的实体书店，究竟如何应对行业的激烈竞争？又将如何拥抱新形势下的发展挑战？

而以"24 小时"作为主打概念的凤凰云书坊走的是用网络换空间、用时间换读者的非常之道。

坐落于南京凤凰广场的凤凰云书坊，作为南京少数以"7×24 小时不打烊"为定位的特色书店，在疫情期间，经营状况并未过多受到冲击。

见到云书坊的经理张弛的时候，他正在书店里布展，一个美术展。

书坊以"云"命名，既是凤凰传媒集团对旗下小、微书店的战略品牌搭建，更缘于云书坊致力于构建一个符合现代人生活方式的社交空间。

"这里是没有钟表的，我们更希望读者在这里忘却时间，享受生活。"张弛笑着说，"实体书店如今并不只包含买书、

凤凰云书坊

卖书两个概念。我们这附近有很多政企员工，晚上下班后会先来我们这里坐一坐，喝点东西、聊聊天后再回家，对他们来说，这是一天中难得的放松。"

"可能是因为我们的商业模式从不是以卖书为主。我们很早就加强了线上的营销模式转变，主要是通过'活动举办＋文化输出'来维持运转和盈利。"

因为背靠凤凰出版集团，很多外地团队在南京的落地活动都由他们负责，涉外文化资源输出是云书坊的主要方向。

当被问到实体书店的书籍销售额时，他笑着说："现在大家都愿意在网上买书，线下书店肯定不能指望卖书过日子。我们还是想做好活动和文化定制的特色，说不定以后我们会送书呢！"

云书坊另一个主打特色是"24 小时不打烊"。

2020 年 2 月 18 日，凤凰云书坊办了一场"24 小时读书会"，通过"线上 + 线下"结合的方式，邀请了 24 位行业嘉宾进行持续 24 小时的读书分享。

"有一个小女孩，从下午一直听到了零点过后，就是为了等到自己喜欢的作家分享，这让我很感动。"谈及实体书店的未来发展，负责人依然保持乐观，"实体书店对一座城市来说是无可取代的，在未来我们希望继续做好文都南京的文化名片。"

像云书坊这样，24 小时开店的还有几家独立的书店。

比如南京中央路明城墙大树根段 2015 年 10 月曾经出现过一家"创营书会"，这家店的住宿帐篷曾"一夜难求"。在经营的第一年里曾因"24 小时不关门""可预约帐篷住宿"等吸引了不少顾客慕名前来，"最火的时候，帐篷都要提前好几天预约的"。但这样的热度持续不到一年，随着客流量下降，书会取消了 24 小时营业制。经营的定位或许有问题，但从另一个角度来看，阅读习惯的养成，还需要在城市的人群中逐渐提升。

从地铁 2 号、3 号线大行宫站出来，向东步行 500 多米，走进南京圣和府邸豪华精选酒店一楼中庭，你会发现一个面积近 280 平方米的阅读空间——行者书屋。据说这里是中国藏书量最大的酒店图书馆之一，四面林立的书柜上，精选着南京历史、民国文化、中外文学艺术等书籍。

位于秦淮区秣陵路的二楼南书房对于南京的文艺青年来说并不陌生，作为南京首个 24 小时开放的公共阅读空间，书房拥有众多粉丝。小院幽深，木质门牌在柔黄的灯光中隐约可见。书房位于二楼，不足一平的前台有值班人员，墙上贴着"不灭的理想，不关灯的书房"。沙发上坐着十余个读者，或安心阅读，或低声交谈。

无论多晚，只要你需要一个静心阅读的空间，这里永远亮着一盏灯，有一张书桌、一杯热茶等着你。

24 小时不打烊。只有地处城市中心地带、靠近高校，更加文艺清新的书店才能做到这点吧。

或许这些书坊有的能坚持下去，有的走着走着也就打烊了，但是，只要有那么一两盏灯不灭，有那么几本书放在城市的某个角落里，这个城市的夜晚也就多了点微光，多了些慰藉。

万象书坊：往来有鸿儒 但求买书人

书店影响着一座城市的精神面貌。南京成功申报"世界文学之都"的背后，也离不开多家实体书店的参与和支持。南京文都申报过程中，万象书坊就提报了"南京文学小青年成长计划"方案，展现了一个书店的参与热情。

万象书坊位于鼓楼区金银街 8 号，背靠南京大学。

通向书店的那方厚重的自动石门成了网红打卡必备的背景。

这是一家学术型的独立书店，同时经营咖啡简餐，客群以教授学者、青年学子、海外留学生、有洽谈需求的商务人员为主。可以说往来不乏鸿儒，曲高却不和寡。

"我们的标签是独立、学术、高校。"在图书方面，万象书坊希望打造国内最全的"六朝文化""域外汉学"品种。在场景方面，梧桐庭院、沙龙平台、阳光房、视听室、冷餐桌和茶室等不同类型的空间可以全方位地满足顾客需求。在活动方面，"金银街 8 号"二手书市、"万象 × 后浪"线下放映室、"长诗夜读"等项目陆续上线。

万象书坊主要经营人文社科和严肃文学类书籍，平时联系做活动的也多是这些领域的作家。底蕴深厚的南京提供了丰富的作家和文化资源。翻看文学史，"建康""建邺""金陵"的出现频率很高，古今多少文人墨客都与南京有着难以割舍的联结和渊源。实体书店的线下活动也往往会邀请当代的知名作家来分享自己的作品与人生感悟。

"毕飞宇、叶兆言、韩东、张嘉佳，以及《蒋公的面子》编剧温方伊等都是大家耳熟能详的当代作家，多数来我们万象做过活动。"

由长江学者、南京大学社会学院周晓虹教授发起、青年教师陆远运营的群学书院，跟书店"人文社科"的定位天然吻合。万象书坊，可以说是群学书院在校外的定点工作室，每周都会举办专业的沙龙、研讨。

另外交集最多的就是出版社的编辑和南大的教授，会不定期推出新书分享和经典解读沙龙。

因为氛围的影响，万象书坊的店员们也与众不同。

"我们店曾经有一个非常年轻的店长，20 岁左右的小姑娘，小小年纪，却很有管理天赋，属于个人风格非常强的管理者。平时客人不多时，就组织手底下的人背书单。我们店里 50 多岁的阿姨，对架子上的书，书名、出版社、价格、架号全都如数家珍。那段时间，南大的教授经常跑来跟我夸万象的店员。"

谈及如何看待书店与城市的关系时，万象书坊老板魏明不无担心地说："在娱乐至死和消费主义盛行的时代，严肃的精神人文空间越发逼仄，书店作为城市的书坊，不光面积越来越小，内部的陈设也越来越猎奇了。"

到底是网红打卡地？餐吧？还是文创店？这不仅与自身定位混乱有关，更是独立书店作为公共空间的身份上的模糊。

对南京文化建设有什么建议？他希望能多多关注和扶持书店，"让我们独立而不独孤，继续做好文都南京的书房和地标建筑"。

在南京，还有一些独具特色的小众书店，比如有江苏省内首家旅行主题书店，除了很多旅行的书籍，店内也到处都是关于旅行的设计，一个个的游泳圈，还有那条悬挂在空中的巨大铁轨，指引向诗和远方。比如还有虫子书店、三只猫当店主的书店，等等。

社会发展为书店业带来了严峻考验，但也激发出了实体书店的无限潜力。时代对精神养分的需求不会变，如何让书店独立而不独孤，充分挖掘自身优势，是每一个书店人无法回避的问题。或许现在对实体书店来说，是危机，也是契机。

我们有理由相信，在南京这座文学底蕴深厚、高等教育发达的城市里，实体书店绝不仅仅只是一个卖书的地方，它还承担着提升全民阅读指数的使命。

一缕书香，半城烟雨。氤氲于纸墨之间的书香、弥漫在字里行间的文气、跳跃在掌心指间的触感，都拢在书店独特的空间里。

希望到南京的旅人们都能抽空逛一逛书店，那是你与这座城市声气相通的好时光。

万象书坊

读书会：在这里读懂南京

忽如一夜春风来，读书会处处开。

在南京，活跃着数以千计的文学社团和协会组织，其中，读书会就有 500 多家，蔚为大观。

读书会一开始还是热心读者自发成立的兴趣小组，他们或阅读领域相近，或某一时期对热点话题有所探讨，于是由其中的一位或几位牵头，组织茶馆聚会，展开阅读和讨论。这样的阅读活动还是自发的，零散的。2014 年起，江苏以立法的形式推动全民阅读，于是，以南京为首，江苏各地的阅读活动和读书相关的基础设施蓬勃地开展了起来，读书会这种形式得以快速发展，各种书院、书房也遍地开放。

"江苏各级党委、政府对全民阅读的重视程度很高，是全国第一个出台相关法规的省份，也是首个将全民阅读列入高质量发展考核体系的省份，有法规、政策支持，全民阅读发展迅速。同时江苏有深厚的文化底蕴，是出版大省、文化大省、教育强省，有很强的文学苏军、文艺苏军、文化苏军，阅读资源丰富，推动促进全民阅读的力量很强。"江苏全民阅读促进会会长韩松林介绍说。

读书会的数量和品种如此之多，但仔细观察，大体还是可以分出三类。第一类是纯粹的读书会，聚焦某一个专业、某一个领域，定期举办沙龙和讲座，规模一般不是很大，注重读书会成员的参与和分享。第二类是出版社或相关机构举办的书友会、培训会。如每逢新书出版，出版社会依托旗下的书友会举办作者的见面会、对谈活动，招揽人气，推介新书。还有大量的读书会，其中相当一部分定位在幼儿教育、女性美容等实用方面，读书只是搭起一个平台，读书行为带有很大的商业色彩。第三类读书会则已经不限于读书活动，更大程度上呈现出阅读的仪式化特征。除了组织讲座、读书沙龙之外，这类读书会将更大的精力放在了户外活动上，名之曰"游学"。这种流动的读书会实质上变成了某种亚文化沙龙活动，而且对会员的吸引力更大，社会影响力也更广泛。比如南京的半城读书会，其创办人是南京大学社会学院教授朱虹，她创办半城的目的就是"面向新时代寻求独立、酷爱自由的精英女性，为她们提供一个交流分享的组织"。尽管是女性群体的读书会，半城公号上发表和推荐的文章还是偏重于知识女性的，养猫弄狗的倒不是很多。半城组织的活动包括户外徒步、文化景点游学等等。但不管哪种读书会，都是当下都市文化中的差异性存在。在一个网络碎片化的时代，在一个手机全面占领我们生活的时空里，读书会总算是一种面对面的有"人气"的文化活动。

从西祠胡同到金陵读书会

1982 年出生的许金晶谈到如今的爱读书，一直追忆到小时候。他说 4 岁左右，每逢父母外出，他就要哭闹，大人随手给了他一本似乎有关航空的画书，他竟然拿着看，不哭了。后来大人就老拿书哄他，从此和书有了缘分。

许金晶 2007 年秋天来南京，曾经做过媒体人。许金晶的第一专业是计算机，北航毕业；第二专业是经济学，是北京大学中国经济研究中心 2007 届的毕业生，现在统计部门工作。他另外的一个身份是金陵读书会的前秘书长，梅园经典共读小组的创办人。

我们在万象书坊的一个角落里做了一场采访。回忆起当年为什么爱上读书，他不由地提起西祠胡同，南京当年著名的网友集中地。如今凡是当年混过网络的，几乎没有不溜达过西祠胡同的。许金晶常去那里的读书版，由此认识了很多同道。

2008 年，由一群爱读书的人创办的金陵读书会成立了，这应该算是南京最早成立的民间读书会之一。会长宋宇飞，当时从吉林大学电子信息类专业毕业，到南京工作，取网名金陵客。2008年8月8日，奥运会开幕那天，他发起成立了金陵读书会，其章程里规定最重要的内容是"热爱祖国"和"弘扬中华文化"。许金晶对宋会长印象是：高大魁梧的身材，声若洪钟式的大嗓门，这样的嗓门配上硕壮的体型，使得宋老师的气场极为强大，在沙龙中，自然而然成为主导者。

读书会一开始在西祠上建了一个版，叫"金陵读书"，口号是"南京读书人最具深度的文化沙龙"，形式很松散，每次活动也不正规，是一个"爱来不来的读书会"，常常会因为人来得多或者来得少而纠结。2010年，许金晶加入了金陵读书会，成为其中的骨干之一。2011年起读书会入驻豆瓣小站，豆瓣也就成了活动发布平台，很多书友慢慢就聚拢起来了。到后来，各种读书会都起来了，他们是微信时代的产物，运营方式也大多依托微信公众号，而金陵读书会则完整经历了网络版聚时代、豆瓣时代和微信时代。

读书会最初是由比较活跃的书友上台主讲，要求不高，时间在半小时到一小时之间，然后研讨，主持人点评。后来经过不断地吐故纳新，常来参加的书友也就十来人。于是大家组织起一个理事会，由经过长期考察，有一定精力的七八个书友组成。其中，宋宇飞、丁进、许金晶是最重要的主讲人。后来又发展了好几位新的理事。有趣的是，读书会的理事和书友大多数是理工科出身，比如其中的宋宇飞，主业是电子信息；钱竹林，南医大毕业，职业是公务员。但是读书会定位的讨论书目又是经典社科书籍，选题相对较高，并不通俗。如何保证每次讨论的质量，而不是泛泛而谈，鸡同鸭讲？宋宇飞对此的回答是：由于非科班出身，是兴趣使然，所以更有一种君子不器和融会贯通之感。为了确保互动质量，读书会也要求主讲人做好充分准备，同时还安排助讲，每次讨论都围绕着某一本书而谈，事先要求参与书友都要做好资料查阅的准备。翻阅一下金陵读书会的部分活动主题，就会发现他们走的是少而精的经典细读路线，比如对陀思妥耶夫斯基的《罪与罚》的研读，关于《想象的共同体》与民族主义源流的关系，《旧制度与大革命》与国家转型变革机制讨论，等等。

也正由于这种坚守，金陵读书会很少与其他读书会联合举办活动，也与读书会的相关主管部门适当保持距离，这并非源于清高，而是为了保持读书的纯粹性和独立性。当然，这是优点，辨识度很高，但许金晶坦承缺点也是明显的：会让新人感觉你们都是一个圈子里的人，融不进来。而且时间长了以后，限于主讲者知识视野的固定化，也会带来知识更新慢的问题。

2018 年，许金晶慢慢淡出了金陵读书会，依托梅园书房成立了梅园经典共读小组，每月一期沙龙，邀请南京等江苏高校的学者来做讲座，到 2019 年 12 月一共办了 22 期。2020 年以来，由于受疫情影响，8 月份之前没有再举办现场沙龙。8 月 15 日，他们终于举办了 2020 年的第一场线下活动：南京大学历史学院的李恭忠教授讲解其最新论著《中山陵》。新的读书会一方面继续保留共读经典的传统，另一方面也选择向大众靠拢，吸引社会公众参与。许金晶有意选择一些热点的人文社科类新书进行共读和推广，但要求作者本人必须到场，与读者形成互动交流。也有一些出版社想给读书会一点营销费用，许金晶一概拒绝。许金晶特别说明，对来作讲座的嘉宾，我们一视同仁，不讲报酬，为的是保持读书会的公益性和独立性，同时对我自己也是一种保护。

讲课老师零报酬，也不接受出版社那头的营销费用，那么，这样的读书会能支持多久？许金晶笑答完全没问题。"我有正当的职业，足以维持我日常体面的生活。我做读书会，能和个人兴趣相结合，已经是很幸福的事了，不能奢望更多。"他还补充一句："何况每月也就一两期，即使我贴钱，也不至于搞破产。"

许金晶是一个勤奋的读书人。看他的朋友圈，每天至少推荐五条以上的读书文章"供参考"。除了读书会，他还写书评、唱民谣。

2017 年，在读书会这个领域浸淫多年的许金晶出版了一本书：《领读中国》。这本书采访介绍了全国 16 家读书会，其中 7 家来自南京。难得的是，许金晶对这些读书会的创办人都做了访谈，并且还提供了每家读书会的现场读书案例。

许金晶讲了两个小故事，都是关于读者的。

有一次是在大行宫的某个场地，讲座主题关于庄子。快近两点的时候，我注意到一个小姑娘满头大汗地走了进来，她找了个地方坐下，静静地盯着主讲人听讲，那双眼睛显得那么有神。讲座结束后，我过去问了一下，得知她从安徽歙县赶过来，在一家餐馆里工作，平时在网上关注读书会的活动，这一次特意想到南京来现场听一听。没想到转了几趟车，还是迟到了。到现在，我还忘不了那个姑娘的眼神，那么渴求，那么认真。当年疫情、洪水带来了那么大的影响，她的餐馆还好吗？她是否还在读书呢？可惜，当年没有她的联系方式，也不知道她在哪里了。

还有一位书友，是在世界读书日来参加活动的。我们在讲座上高谈阔论，争辩阅读习惯、生活方式，这时候，这位书友问了我们一个问题，她说："你们有没有想到，读书其实是一件奢侈的事情。我们有很多人还在为了生活奔波，要应对单位的考核，要带娃理家，对很多人来说，不要以为读书是理所当然的事。"

"我仍然希望有越来越多的人在交友、求知、赚钱和作秀之余，能够重新捧起远离自己多年的经典书籍，从容阅读，让自己浮躁的心绪安静下来，跟古往今来最优秀的灵魂对话。真正的阅读，其实是一种生活方式，一种精神体验，一种完全无用但能够让自己暂时超越此岸世界的精神之旅。"许金晶说。

群学书院：一场说走就走的游学行动

见到陆远老师，也是在万象书坊里。

他正在主持一个讲座，主讲的是位老先生。

尽管在抗疫期间，天气比较热，大家都戴着口罩，可是听众还是把会场坐得满满的。

没有手机铃声，没有窃窃私语，此刻，书店的这个角落里，只有那位老先生一板一眼地讲述。他在讲南京老城南的故事。

文学和艺术，的确可以安放心灵。

讲座的空隙，陆远与本书作者聊起了群学书院。

群学书院，最早其实源自周门读书会。周晓虹是著名的社会学教授，他门下的弟子们经常聚会，周教授定期给他们开书目、作讨论，因而形成了固定的读书活动。后来，读书会场所搬到了中山陵里的一个幽静之处——永慕庐，所以这个读书会又被称作永慕庐读书会。随着读书人数逐渐增多，考虑到中山陵比较偏僻，永慕庐慢慢地就不被使用了。陆远接手以后，群学书院产生了。

在支持申报世界文学之都的群体中，群学书院是参与南京文学之都申报活动比较多的。2018年陆远曾经去联合国教科文组织总部,与国外汉学家举办过小规模的读书座谈会,对他来说,申都"是我们自己的事"。

群学书院配合申都做了系列的讲座,其中包括传统文学艺术,如书画、考古。组织过4次日本游学,日本20家以上的博物馆都去参观考察过,国内也游遍了40多家。书院学术资源丰富,比如故宫,参与者可以以研究者的身份进去,静下心来看文物。

"今年准备做江苏文脉的考察和游学。但是这个游学与其他的不同,我们向下沉,沉到县城。江苏是文化大省,文化资源不仅仅限于大城市,比如南京、苏州、扬州这样的名城,还有很多的历史文化沉淀在一些古城、县城,比如高邮,中国的邮都。所以打算先到宜兴、高邮、如皋、常熟这样的地方游学。"

他们还做了很多的公益讲座,今天的这场就是老城南的文化历史名人。传统印象中,老城南代表着老破小,贩夫走卒,事实上,这里名人辈出,卧虎藏龙。自东吴开始,南京的主文化区在此绵延了两千多年,南京的文脉从未中断。南京人见惯了历史沧桑,历经了千年的文化积淀,所以在风格上不张扬,有底气。南京获评世界文学之都,确实是实至名归。文化的建设不是靠运动式突击、靠项目资金就能堆出来的，还得靠文化积累、文学沉淀。

从周门读书会到群学书院,多年下来,定位有没有变化？

"周门读书会属于内部研究性质，还是在校生为主，我现在毕业了，老师一般不让我们这样的学生参加了。群学书院源自周门读书会，但已经是面向社会的民间非营利性组织了。读书是私人化行为，无所谓高低贵贱。高端与否不在地位高低，在于传布的内容是否正面、有价值。群学的优势在于依靠丰富的高校学术资源，我们通过我们的路径优势，把这些资源，把这些真正学有所长的学者的干货传播给大众。"

陆远也感慨："我们这个时代的一个很大的问题是大众不爱读书了，影像占满了我们的日常时间。大众懒得思考，所以我们也要想办法引导读者去思考。我们采取的是深刻的内容、普及的形式，学院要求来讲课的学者，不在于你讲得深奥还是通俗，在于是不是有真知灼见，能不能让来的人也能理解，能听得懂。学术研究的事还是交给高校，群学书院还是希望能架起高校和社会的桥梁来。所以,在这个意义上,学院对活动、对学者的要求还是蛮高的。"

陆远介绍，运营模式上，群学书院一方面与书店合作，是完全公益的；另一方面，做线上线下的活动。公众号运营

5 年来，拥有了 40 万的粉丝量，流量收入可以维持线下的活动经费。当然收入比较绵薄，但坚持个 5 年还是没问题的。未来怎么发展，那还得看形势的变化。

"文学氛围的创造急不来，慢慢做，能做一点是一点，能影响一个人就影响一个人。"

南京是社会文化氛围比较宽松的城市，也是为数不多的政府对阅读活动大力支持的城市。无论是政府推动，还是民间组织，读书会及其相关活动非常发达，几乎每天都有这样的活动。这出现了一个新的现象：陌生的人不以身份、职业建立认同和爱好，而是以共同的读书爱好联系在一起，交流沟通。读书活动也确实影响到了很多的人。

游学活动

"我记得有一个新加坡的老太太,每月都从新加坡飞来南京参加书院的活动。她说尽管旅途劳累,但是很乐意到南京来,听听讲座,认识一些朋友,分享一下读书的心得,这种生活方式很纯粹,在新加坡没有这个机会。这才是文化的魅力所在。一个城市有没有文化,有什么样的文学,不仅仅体现在那些摆放在书店里的书上,还在那些触碰它们的人身上,如同毛细血管一样,流动着,细小,又触手可及。"

剧场故事：从南艺开往仙林的阿紫

南京地铁 4 号线，艺名叫阿紫，因为地铁车厢及站台里主色调是紫色。

紫色是二次色，属于中性偏冷色调，它是由温暖的红色和冷静的蓝色调合而成，是极佳的刺激色。

在科学上，紫色指电磁波的可见光中的最高频部分，频率比蓝光更高，也是人眼从可见光谱中所能看到的频率最高的光。

心理学上还说，紫色象征高贵，但同样代表着内心不安，多愁善感。

不过每次乘地铁 4 号线，看见阿紫，我却想到《天龙八部》里的那个阿紫，阴坏却又可怜的女孩，先是眼睛盲了，后又复明，但是却有两个男人因为她而死去。阿紫是个复杂的合体，的确富于戏剧色彩。

南京地铁 4 号线从龙江出发，途径南艺地铁站，到达仙林。南艺和仙林，是南京两大青春发酵地。

南艺就是南京艺术学院，每年的 5 月 20 日，半个南京城的人都涌进南艺，看一年一度的毕业展演。当然，很多人怀着登徒子的心，去看美女。

当天，南京新街口、鼓楼、河西、江宁、仙林等区域中心广场的巨型 LED 同步播放开幕片，南京艺术学院"520毕业展演嘉年华"由此拉开帷幕，秦淮河畔这座逼仄的校园，那几天成了南京人的游艺馆，呈现"一校展演 全城盛宴"的热烈景象。

随便走走，可以发现，在南艺不大的校园里，居然有 9个专业演出场馆，各种场馆同时开放，可以同时容纳近半数的南艺人观看演出，加上报告厅和户外演出场所，恍如时时刻刻举办音乐节、嘉年华。

文青们想看戏剧，当然要去南艺剧场，或者实验剧场。南艺剧场是小剧场，也是新的文艺地标南艺电影院。实验剧场，听起来就挺先锋。这里占地面积 6000 多平方米，座椅620 个，而舞台足有 468 平方米，因此主要承担大型综合演出功用。

南艺看罢，地铁飞驰，出了城，就开到了仙林大学城。

大学城位于南京市栖霞区中部、紫金山东麓，2002 年 1月正式启动建设，是中国最早成立的大学城之一。有人说，仙林大学城是南京最大的青春发酵地。梧桐树下挥挥手，青春到此分头走。这个方寸之地，却串起了无数学子对南京最初和最终的记忆。

仙林大学城现有南大、南师大、南财、南邮、南中医、南森、南理工紫金等 16 所高校。被戏称为"九乡河文理职业技术学院"的南大仙林校区，由于选址过远，地处九乡河而得名，但这丝毫不影响它成为大学城中的王者。

几乎每个大学都有自己的剧场，20 多万大学生构成了基本的戏剧观众。在众多的校园剧场中，南京大学仙林校区的黑匣子剧场很有名气。

这个剧场常年上演多部艺术硕士剧团或本校其他学生戏剧团体，或国内外专业与业余戏剧院团的戏剧作品，一般于每个周末演出。

南京大学艺术硕士剧团是南京大学文学院戏剧影视艺术系的一个师生剧团，成立于 2007 年，迄今排演过数十部原创或中外经典剧目，在校内和国内外数十座城市演出达数百场。

其中，《蒋公的面子》的爆火，让校园戏剧出了圈，达到了这一小众文艺的最新高度，也成为当年中国的一大文化事件。这件事还要从一个大三女孩说起。或许很多人还能记得这么一个场景：

2012 年 5 月 21 日，南京大学鼓楼校区礼堂，侧门的售票窗口里，坐着一个圆脸的女孩，安静，眼角带笑，话不多，她在卖演出票。窗口没人的时候，她会望望对面的草坪，看老人晒太阳，小孩儿蹒跚学步。

或许她自己都没想到，仅三天后，她和她编剧的《蒋公的面子》会火爆到人人争看，全国争说。

在南京大学校园演出的时候，我白天在前台售票，晚上在后台演出。曾经有一个在校园里面溜达的大爷问，你们这放电影吗？不是，这是演话剧。好啊，赠票吗？不是，卖的。5块钱一张吗？20块钱一张。他扭头就走了。后来演出，门口很多人想要看，但没票……

温方伊，90后，编剧，南京大学戏剧影视专业博士毕业。大三那年，她创作出了一部校园话剧《蒋公的面子》，轰动全国，甚至成了延续多年的文化事件。

剧本讲的是，1943年蒋介石任中央大学校长，遭到部分教授的抵制，"蒋公"为了拉近关系，邀请中文系三位名教授吃年夜饭。给不给蒋公这个面子，成了教授们的大问题。

这样一部舞台上少见的文人戏，以三位知识分子的社会议题辩论、哲学对话和一层层掀开的内心面纱，交织着柴米油盐酱醋茶的生活琐事，洋洋洒洒，诙谐流畅，民国时代几位不同类型的学者，跃然台上。而与之相对照的20年后，三人在牛棚里聚谈往事，那些罗生门似的回忆，都消失了光影，他们曾经飞扬的精神，也一同委顿。

　　这部戏，绝非"喜剧"一词所能简单概括。

　　这种笑，比悲剧还要有力。

　　这是当年观众们的评价：

　　很久没有看到这么有文化、有生活、有趣味的中国故事，全无搞笑，观众却一直在笑，笑中又带着忧伤。而这样一部戏，却诞生于近年来连戏剧都很少上演的南京。

　　从2012年12月启动社会公演，2013年开启全国巡演，并于2013年11月—12月在美国演出。

　　这是美国华人票房文化传播公司总裁戴锜先生在《硅谷看世界》节目中讲述的亲历故事。

　　他到北京出差，听到很多人在谈论"蒋公"这部剧，很好奇，让人去买票，结果一票难求。为了亲眼见证这部神剧，他推掉了饭局，托关系请人带进了剧院，竟然坐在后场看完了这部剧。看完立即决定，介绍这部剧到美国演出！

　　《蒋公的面子》到现在已经演了将近600场。在南京江南剧院，它成了每月两场的常驻剧目。首演至今快10年了，口口相传使其拥有了长久的艺术生命力。

　　温方伊，写出这个话剧的时候，还是大三的学生。2016

年，3 年后，她拿出了新的剧本《繁花》，这一次是作为硕士毕业作品，改编自金宇澄的同名小说。2022 年，改编自王蒙的《活动变人形》又出自她的笔下。

南京申报世界文学之都的时候，温方伊出现在了申报宣传片里。还是那个睿智女孩，还是那么单纯与阳光。

《蒋公的面子》上演的最初的日子里，我不仅参与前台卖票，还帮着在后台订盒饭，人手缺乏了，还被喊上台去当演员。第一次演时太太是 2012 年秋天，导演吕效平老师说剧组少一个人可以节约成本。让我跟专业人士同台，真是要命呀。望着台下那么多双眼睛，很紧张，差点都忘记台词了。

如今，已经是两个孩子妈妈的温方伊把自己的状态评价为"平庸的生活"，她说最怀念坐在南大礼堂小窗里卖票的那些日子，不动脑子，无忧无虑。或许，这就是南京文艺的模样、文学的气质，温婉居家，大大方方。

从南艺开往仙林的阿紫，我们体验到的是校园戏剧这一线路，但它并不代表南京剧场的全部。南京还有江苏大剧院、保利大剧院、紫金大剧院，这些代表的是殿堂、高端，是大型剧场。这些剧场里灯光一开，钱就会哗哗地烧起来。在这样的剧场里，一般的小戏无法支撑剧场庞大的成本支出。

当然，坐在这样的剧场里，观剧的体验肯定是一流的。

其中的佼佼者如江苏大剧院，位于南京市建邺区梦都大街181号，东接河西中央商务区和南京奥体中心，西临江心洲和长江，与江北新区隔江相望，是中国最大的现代化大剧院，也是亚洲最大的剧院综合体。

江苏大剧院近年来举办了一系列高端的演出活动，如举办维也纳爱乐乐团音乐会，曲目包括理查·施特劳斯的《英雄的生涯》，瓦格纳的《特里斯坦与伊索尔德》序曲及"爱之死"，以及贝多芬的交响曲；举办中国歌剧节开幕式；推出原创歌剧《拉贝日记》，在歌剧厅进行首演，等等。

小剧场有小剧场的简朴，大剧院也有大剧院的难处。特别是大剧院，奢华之下，其实甘苦自知。

一个是剧目选择的问题。引进什么样的剧目来剧场演出，考验着剧院方的眼光，也考验着南京人的审美水平。太高端了，曲高和寡，观众少，票房撑不住；太大众了，又会拉低剧院的档次，时间长了，剧院变成了演艺吧。目前来看，对一些所谓高雅的剧目，南京实行政府补贴制度，就是观众买票的时候，政府给予一定比例的补贴，让利观众，吸引更多的人走进剧场。

一个是这些剧院的选址问题。目前几家高端的剧院都建在了河西的奥体新城，这里被戏称为南京的富人区，周边高楼林立，商业发达，看上去占尽地利，可是实际上，大剧院远离市区，给区域外的观众带来了极大的不便。尤其是夜场戏散了，地铁不方便，打车也难等，出行都成了问题，看场戏还得担心怎么回家，降低了观众的看戏欲望。要知道，那些热爱戏剧并为之买票的人，不一定是商务区里那些穿西装打领带的人，而是那些还着房贷、接送孩子的所谓中产者、打工人。戏剧，是他们暂时逃离这个逼仄的世界，从庸俗生活里向上提升的感情寄托。

还有一个更现实的问题，那就是南京的戏剧市场和戏剧氛围。相对于北京、上海，南京的戏剧创作和演出环境差距甚大。

江苏是戏剧大省，南京本来也有很多全国优秀的戏剧团体，如江苏省昆剧院、南京越剧团、前线话剧团。可是，这几年来，戏剧创作和演出上确实也存在着一些问题，比如缺少文化氛围，没有在培养戏剧观众上有效地下功夫。

对此，作为戏剧专业出身的温方伊，和本文作者谈了她的切身体会。

"比如我小时候看演出，一般都是赠票，遇到个别戏剧商演的，竟然会诧异地想：啊，还有买票看戏？父母即使偶尔带出去看演出，也就是外国的芭蕾舞、钢琴音乐会这样的。

本土话剧和戏剧确实没有影响力。直到进了大学，我才严格意义上看了话剧。正是因为第一次看话剧，印象深刻，也才产生了创作的冲动。"

问题出在戏剧市场的培育。可以说中国的戏剧市场基本上还是只存在于一二线城市，说难听点是市场仍然狭小，说好听点就是发展空间还很大。前几年，据说南京是戏剧的票房黑洞，来演出的基本不赚钱，南京人宁可买只鸭子吃吃，也不会掏钱去看场话剧。这导致政府只好发补贴，鼓励大家去看所谓"高雅戏剧"。拿赠票的戏，就是演300场，又有什么意义呢？还是要鼓励戏剧团体走向市场，在商演的考验中不断拿出精品，吸引观众，靠政府补贴永远出不了精品。

好在，这些年，南京的戏剧市场正在越来越好。比较大的变化，一个是外国引进剧目比较多。现在北京、上海经常引进国际各大戏剧节作品以及国外前沿剧目，整个戏剧环境已经和几年前很不相同了。

另一个是南京本地剧场加大了原创力度，不断推出本土精品剧作。2022年8月4日，根据莫言小说改编的江苏大剧院原创话剧《红高粱》在戏剧厅拉开首演大幕，莫言亲自到场支持。这已经是江苏大剧院第十部自制剧。更重要的是，这几年戏剧观众增多了，而且年轻观众特别多，尤其是小剧场这几年发展迅速。南京目前全市共有小剧场 107 个，居全省首位。江苏省和南京市相关部门还举办了小剧场作品的大赛和演出，专门进行培育和扶持。一些学校开始成立剧社，排演话剧，这都是好事情，假如真的能走出校园，进入市场，也为市场增加了新的力量。毕竟，戏剧的未来还是靠年轻人。

当然，南京毕竟是文学之都，这里的戏剧人才也是藏龙卧虎。比如在戏曲创作界，罗周就是一个奇迹般的存在。

罗周，一个 80 后女孩，江苏省文化厅剧目工作室编剧，10 年间写了 100 余部戏，六获田汉戏剧奖剧本奖，两获中国剧本最高奖"曹禺戏剧文学奖"。她一出手，就是一部好戏，在某一次文化艺术节上，同时上演 5 部由她编剧的戏。

2021 年 1 月 2 日，昆曲系列折子戏《世说新语》在紫金大剧院开演。此前折子戏《世说新语》登录 B 站，掀起一股追捧热潮。雪夜访戴、一往情深、竹林七贤，这些耳熟能详的"段子"和人物全入了戏。之前的 2020 年元旦之夜，这部昆曲中的一部分由江苏省演艺集团昆剧院搬上舞台，场面热烈、一票难求。

编剧依然是罗周。

2020 年 8 月 20 日下午，本书作者对罗周作了三个多小时的专访。她刚搬的新办公室里，除了一个空调，两把椅子，空空荡荡，然而采访相当愉快，欢声笑语。她直爽利索，有问必答，时有萌语。写戏秘诀和盘托出，唱词戏文信手拈来，让我见识到了一个满腹才华而又活泼坦诚的罗周。

从十六岁到二十六岁，我就读于复旦大学，师从著名古典文学研究专家章培恒教授。写了十年小说，也做了十年学术。小说呢，出版过六七本长篇，学术呢，写了十六万字的毕业论文。如今再看当年的博士论文，那么陌生，那种语言体系，感觉就像另一个平行世界里的人写的。这两方面的训练最终给我的戏曲写作带来了意想不到的收获。

当然，一开始我从没想过要当剧作家。博士毕业后找工作，招聘会上人头济济的场景直接把我吓跑了。我就通过网络给湖北一家地方高校投简历，想当老师，都谈好了，等去学校面试，人家一看，这哪像个老师啊！佛系、散漫，跟个学生似的，人家直接就 pass 了。我只好回上海，去一家漫画公司打工，只因为我超喜欢日本动漫。2007 年吧，作曲家赵震方老师遇到我，之前我们在淮剧《千古韩非》里合作过，听说我在漫画公司里混，大吃一惊，说那地方不适合你啊，来江苏吧。他很热心地介绍我到江苏工作，再加上很多人帮忙，这便进了省文化厅剧目室。但我还是迷迷糊糊的，来了两年都没写剧本。人家单位不说，我妈看不下去了，"逼"

我写点什么，说你得养活自己啊。我就写了个话剧《春秋烈》，其实是因为当年毕业论文写冯至，其中涉及伍子胥的故事，就生发出来这个戏，结果得了当年省戏剧文学奖的第一名。

我又懒了一年，又不写了。人家说话剧是西方的艺术形式，你得写东方的戏啊。我妈妈又逼我，我就想，东方的是什么？昆曲算吧。昆曲写啥呢？中国是诗的国度，那就写唐诗。唐诗里选谁？不选杜甫不选李白，闻一多说张若虚的《春江花月夜》"孤篇压全唐""诗中的诗，顶峰上的顶峰"，那就写个昆曲《春江花月夜》，最东方了！

在我29岁下半年，《春江花月夜》写完了。我似乎感到，冥冥之中，命运也是在我30岁的时候给我一个馈赠，那就是把这部作品放在了我的手上。它可能不是我最好的一部作品，但一定是我最有意义的一部。写完《春江花月夜》之后，我意识到我"大概"是可以"写戏"的，这是我真正专业编剧的开端。

从这部昆曲开始，罗周又经过10余年写作，至今写了100多部戏剧作品，就像百级台阶，她沿着它们一级一级往上走。其中60多部都搬上了舞台。对她来说，写戏，是心灵、情感之寄托，是一种生活方式。

南京被评为文学之都，传统戏剧创作和表演能在其中作

著名越剧演员李晓旭表演《凤凰台》

出什么独特贡献?

罗周说，获评世界文学之都，这当然是好事情，能让更多的人来关注南京的文学，欣赏南京的文化艺术。当代的作家要对得起文都，对得起历史文化的积累，要有自觉的文学追求。就拿戏剧来说，那么多的前辈创作出了那么多的作品，我们比他们晚了好几百年，如果还只是膜拜，还拿老祖宗的遗产说事、炫耀，文学永远不会有长进。要尊重继承传统，也要站在前人的肩膀上。这些前辈作家们事实上也应该是期待我们后人能够延续下去，超越他们的，否则岁月都去哪里了呢？今天我们的戏剧创作要发展，必然要求我们要有自觉的艺术追求。所以说文都概念不是过去式，而是现在式、未来式。

至于如何为文都作贡献，罗周带领着小伙伴们一直在努力。一个是文化旅游方面，在做《桃花扇》的相关文化发掘。那么多的人物、地点、故事，都在南京上演，很值得一看。另一个是古典小说的戏曲改编，如《红楼梦》的戏曲化。还有一个是和南京有关的历史文化名人的创作。比如凤凰台、乌衣巷、李后主，等等，当然《世说新语》也是一个尝试。

如今，担任江苏戏剧文学创作院院长的罗周，还有培养人才的任务。"江苏的戏曲创作队伍很好，放在全国都是很好的，没有什么青黄不接的问题。他们也很有才气，就是成熟度不太够，这些需要给他们搭建一个打磨的平台。"

春江花千树，明月照人来。期盼在文学之都的舞台上，更多的戏剧人才、戏剧作品喷涌而出，为这片文学的花园增光添彩。

余篇

春归秣陵树，人老建康城

要是有一天我可以自由地到一个地方去读我想读而没有工夫读的书，做我想做而没有工夫做的事，我也许选择南京作长住的地方，虽然北京和杭州我也舍不得抛弃……

也许有人觉得乡村与城市应当划分得清楚：乡村得像乡村，城市得像城市。可是我爱南京就在它的城野不分明。你转过一个热闹的市集就看得见青青的田亩，走尽一条街就到了一座小小的山丘，坐在你的小园里就望得见龙蟠的钟山，虎踞的石头。你发愤的时候，尽管闭门下帷，不见得会有什么外来的骚扰；你如高兴出门游行，那么夏天有莫愁湖的荷花，秋天有玄武湖的芦荻，鸡鸣寺看山巅的日出，清凉山观江上的落日，还有……

——陈西滢《南京》

恢宏庞大的城市和波澜壮阔的英雄人物一直是国人崇拜的对象，而南京这种带着淡淡忧伤的城市，却是文人墨客的最爱。南京或许与中国文学是互文的，相互成为镜像。

词人萨都剌由此感怀王朝更替，幽思怀古：

六代豪华，春去也、更无消息。空怅望，山川形胜，已非畴昔。王谢堂前双燕子，乌衣巷口曾相识。听夜深、寂寞打孤城，春潮急。　　思往事，愁如织。怀故国，空陈迹。但荒烟衰草，乱鸦斜日。玉树歌残秋露冷，胭脂井坏寒螀泣。到如今、只有蒋山青，秦淮碧！

既然历史如棋局，秦淮长流水，那么，大家都是旅人、都是过客，也就不必装什么帝王将相、才子佳人了。

无论是本地人，还是外地人，踏入南京这座城市，不必担心你是何等人物，高贵还是卑微，"君意如鸿"还是"我心伤悲"，这座城总有一副宽厚的胸怀，总有一副欢喜的面容，迎接你、安放你，不轻也不贱，不悲也不喜。

南京大学文学院丁帆教授说：

金陵的文化风味在哪里？她不仅存在于其半城半山水的风景之中，也不仅流淌在大街小巷的书肆、茶楼、饭馆、青楼等活色生香的食色风俗里，更不仅是在无处不在的方言俚语的喧嚣中，而是漫漶在那慢悠悠的市井生活和散淡的文人心态里。唯有此状态——把生活作为一种人生的自然旅程，才能养育出一批批恃才傲物、独立特行的文人。或许，南京的大气也就在于此罢。

——丁帆《金陵旧颜》

南京的文学风景，是常看常新的。去或不去，它们就在那里。"三山半落青天外,二水中分白鹭洲。"李白去而复返,来来去去,可以知道他是多么的迷恋此地。"千里莺啼绿映红,水村山郭酒旗风。"杜牧的《江南春》既写出了南京春景的丰富多彩,也写出了它的广阔、深邃和迷离。

南京的文脉流传是活生生的,书上有字,眼前有景,心里有情。《板桥杂记》里说"衣冠文物,盛于江南;文采风流,甲于海内"。

翻一翻从小到大读过的课本,多少熟悉的地名,多少熟悉的篇章,多少熟悉的文人!

陆机、干宝、谢安、王羲之、顾恺之、谢灵运、刘义庆、刘勰、钟嵘、鲍照、庾信、王勃、王昌龄、李白、张九龄、杜甫、颜真卿、李贺、刘禹锡、杜牧、温庭筠、韦庄、李商隐、李璟、李煜、王安石、苏轼、秦观、周邦彦、陆游、叶梦得、范成大、杨万里、张孝祥、辛弃疾、李清照、文天祥、白朴、王冕、宋濂、刘基、高启、方孝孺、解缙、吴承恩、汤显祖、王世贞、袁中道、许仲琳、凌濛初、柳如是、张岱、李渔、袁枚、吴敬梓、方苞、孔尚任、龚贤、王士祯、姚鼐、曹雪芹、魏源、梅曾亮、鲁迅、周作人、巴金、朱自清……

这张人名的清单可以拉得很长很长,他们每一个人的故事都口口相传,每一个人的著作都闪耀文坛。天下文枢、世界文都的名头下，是他们青灯黄卷吟咏挥毫的背影，是他们呕心沥血字字珠玑的才情。

我们应该向他们鞠躬致敬。大江东去，淘尽了多少豪杰英雄，历史的天空中，永恒闪烁着的，是不朽的诗文。

南京的日常生活却是活色生香的。太多的遗恨，太多的怀古，太多的寂寞，太多的背负，到最终，还得落到实地上来，回到烟火中去。所以，早在东吴的时候，当地的童谣就唱道："宁饮建业水，不食武昌鱼。宁还建邺死，不止武昌居。"

金陵春梦，建邺宜居。所以李渔说，"非不醉心，仿佛梦中而已"。"风细细，水粼粼，照彻渔家月一轮。身是渔郎不钓鱼，满船酒具满船书。"（龚贤《渔歌子》）南京人活得自在，活得洒脱，活得有品位，也活出了色香味。

写作、读书、访古、聚会，前面的文章里已经说得很多了。在本书快要结束的时候，作者多么希望全国的人都能来南京看看，都喜欢上南京。

为了勾起你的欲望，这里只说一个"吃"。

苏轼的《惠崇春江晚景》："竹外桃花三两枝，春江水暖鸭先知。蒌蒿满地芦芽短，正是河豚欲上时。"短短几句诗，写出了三大样吃货。一个是鸭子，一个是河豚，一个是芦蒿。这里的蒌蒿指的就是芦蒿。河豚一般在苏南地域吃得多，而后面的两样，鸭子和芦蒿，却是南京人的最爱。

南京人吃鸭子，吃出了百转千回，百折不挠。连带着外地人到南京，不吃一碗鸭血粉丝汤，就等于吃了个寂寞。

我记得八四年初到南京，在一所学院工作，我的宿舍后面是河西通往城西干道的一条辅路，每天清晨都能听见鸭群进南京的喧闹声，年复一年的，那么多鸭子顶着霞光来到南京，为一个城市永恒的菜单奉献自己，这也是地球上独一无二的传奇。是鸭的传奇，也是南京人的传奇。

——苏童《在明孝陵撞见南京的灵魂》

据传说，南京的鸭子多，与朱元璋有关。说是朱元璋听说大财主沈万三家里有聚宝盆，于是一道圣旨借来了聚宝盆，并约定好三日后的三更还。可是朱元璋哪里想还，故意耍了个花招，第三天到了，让打更人打完二更就回去睡觉。

沈万三找皇帝理论，朱元璋装傻，说没人打更啊。沈万三说，对了，公鸡不是三更打鸣吗？明日三更公鸡打鸣之时，便是我收回聚宝盆之日！

朱元璋默默一笑，在沈万三走后下了旨：今日起，杀光全城公鸡，且家家户户不允许养鸡。

自此，南京便开始流行吃鸭。

当然，传说基本上是牵强附会，沈万三也不是死在了鸭子上。南京人这么编排故事，估计是为了给吃鸭子找借口，或者说减轻一下心理负担。毕竟，曾经有一个数据，说是南京人一年要吃掉的鸭子就有一亿只，可想而知，作为南京的鸭子，出生的时候应该眼含热泪的。看到满大街随处可见的鸭血粉丝汤、盐水鸭、烤鸭、铁板鸭肠超大招牌，外地人大概明白了那句流行语：南京没有一只鸭子能够游过长江！

事实上，南京人吃鸭子肯定不是从朱元璋杀鸡时开始的。

早在公元6世纪，北魏人贾思勰所著《齐民要术·养鹅鸭》中就总结道："供厨者，子鹅百日以外，子鸭六七十日，佳。"意思是做菜的时候最好用六七十天大的嫩鸭，肉质细腻，不老不柴刚刚好。在南朝人写的《食珍录》里也提到过南方人流行吃"炙鸭"。

鸭子不仅上了平民的餐桌，还上了战场。据《陈书》记载，陈军与北齐军在金陵北郊外覆舟山一带交锋，陈军"人人裹饭，媲以鸭肉""炊米煮鸭"，使得士气大振，终于以少击众，大胜而归。此为金陵鸭馔最早见于正史之记载。

宋代，南京城盛行用鸭配菜，并有"无鸭不成席"之说。明代初年，南京流传一首民谣"古书院，琉璃塔，玄色缎子，咸板鸭"。

明清时期，南京人吃鸭子已经花样翻新、非常流行了。《红楼梦》第六十二回记载，宝玉生辰，行酒令时，湘云吃了酒，拣了一块鸭肉呷口，忽见碗内有半个鸭头，遂拣了出来吃脑子。众人催他"别只管吃，到底快说了"。湘云便用箸子举着说道："这鸭头不是那丫头，头上那讨桂花油。"湘云吃的鸭子就是南京桂花鸭。

到了民国，鸭子产业已经成为南京一大重要民生产业。卢前在《鸭史》一文中记载："倚鸭为生者，在南京约近万人。鸭客人在五千人左右，鸭铺家三千余人，鸭行一千余人。"[26]

南京历史上有两个著名的文人吃货，一个是李渔，一个是袁枚。戏曲家李渔四十余岁之时，举家从杭州迁往南京，此后在南京寓居达二十余年。他在南京城南还建成了后世负有盛名的芥子园，芥子园是当时南京文学艺术的活动中心之一。李渔的《笠翁对韵》是一部流传数百年、脍炙人口的名著。他的另一部著作《闲情偶寄》分为词曲、演习、声容、居室、器玩、饮馔、种植、颐养八部，共有234个小题，堪称生活艺术大全、休闲百科全书，是中国第一部倡导休闲文化的专著。在颐养部中，李渔主张多吃雄鸭："雄鸭能愈长愈肥，皮肉至老不变，且食之与参芪比功，则雄鸭之善于养生，不待考核而知之矣。"

清代文学家、美食家袁枚，在其所著《随园食单》中有板鸭、挂炉烤鸭的制作方法介绍及 326 种名菜名点。当然，这位风流才子不仅会吃，还会玩，当时的南京人经常看见他家的花园面朝市民，花团锦簇，无障碍开放。万紫千红中，袁枚老先生带着美若天仙的女弟子花前月下，对酒当歌，过的真是神仙日子。若非这等清闲，岂能连小小的苔藓都观察得那么生机盎然："白日不到处，青春恰自来。苔花如米小，也学牡丹开。"

鸭血粉丝汤应该说是最大众化、最接地气的南京小吃，也是最有标志的南京味道。鸭血嫩滑，鸭肠筋道，鸭肝爽口，配上久煮不烂的粉丝一同放入香浓的鸭汤里，为了提味，在汤上撒上一点香菜和辣椒，香而不腻，芬芳入口。当然，还有那句南京土话味儿十足的：啊要辣油啊？

南京人吃野菜，似乎也是一绝。对于南京人而言，春天就是"一口饭来一口草"。清炒芦蒿，还有"七头一脑"：荠菜头、马兰头、香椿头、枸杞头、苜蓿头、小蒜头、豌豆头和菊花脑，八道菜清香逼人，吃出了春天的味道。"城中桃李愁风雨，春在溪头荠菜花"，生为吃货，何不来南京？

世界文学之都南京，不是多么虚无缥缈的存在，不是高高挑起来的文字招牌，而是浸润着深厚文脉、饱含着人生体验、散发着人间百味的文化之城、宜居之城、幻想之城和自由之城。

岁月沧桑，光轮转动，纵然《唐诗三百首》里所写的那条巷陌改道了，消失了；纵然两小无猜的长干儿女现在配上了手机，不用"停船或相问"了；纵然站台上送橘子的老父亲如今坐上高铁，不用背影蹒跚了；纵然无情的台城柳已经换成了行道树，石头城高耸入云"夹道起高楼"了，这金陵、这南京、这建邺、这白下、这秣陵，这一切舌尖上能够念出的美妙汉字，这文学香火鼎盛之城依然流淌着千年的文脉、不朽的魂。

南京，过去、现在和未来，终将是一座为文学而生的城。

庭院深深深几许？云窗雾阁常扃。柳梢梅萼渐分明。春归秣陵树，人老建康城。

——〔宋〕李清照《临江仙·庭院深深深几许》

"陌上花开，可缓缓归矣。"来吧，这里是南京。你会因为一篇文，爱上一座城。而因为一座城，爱上一个人。

昨日落花今日扫，落花扫遍人先老。又是春来添懊恼。如何好？前村沽酒青钱少。

披衣日上寒窗早，梦里怕向邯郸道。又见青青窗外草，儿童道，谢家原上莺来了。

——［清］龚贤《渔家傲·春归》

在这落花满径、春又盈袖的诗意时刻，站在这千年文都的城墙头上，我们不妨拖长了腔调，背着手，也咏叹一声道：

谢家原上莺来了！

参考文献

① 叶兆言 . 南京传 [M]. 南京 : 译林出版社，2019.

② 徐宁 . 文化南京，三个维度解读南京 [N]. 新华日报，2020-4-16(12).

③ 朱偰 . 金陵古迹图考 [M]. 北京 : 中华书局，2015.

④ 程章灿 . 旧时燕 [M]. 南京 : 南京大学出版社，2021.

⑤ 何平 . 南京城在文学的时间里生长 : 读程章灿散文集《旧时燕 : 文学之都的传奇》[N]. 光明日报，2021-2-3(14).

⑥ 王慧，周永金 . 莫砺锋、六神磊磊跨代际对谈"南京的唐诗情缘"[N]. 新华日报，2020-06-06.

⑦ 叶兆言 . 闲话南京作家 [N]. 东方明星，1996-03.

⑧ 张光芒 . 南京百年文学史 [M]. 南京 : 江苏文艺出版社，2021.

⑨ 作家勒·克莱齐奥在华东师范大学的讲演 : 都市中的作家 [N]. 文汇报，2011-09-05.

⑩ 浙江大学社会科学研究院中文网 . 莫言对话勒·克莱齐奥 : 文学是最好的教育 [EB/OL] .[2016-09-23].https://rwsk.zju.edu.cn/zjudflt/2016/0922/c3718a221577//page.htm.

⑪ 相遇中国文学 : 莫言为诺奖得主克莱齐奥幽默串场 [N]. 北京日报，2015-10-22.

⑫ 许钧 . 关于文学与文学关系 : 莫言访谈录 [J]. 外语教学与研究，2015(7).

⑬ 感谢与期待 : 对话新一届江苏省作协主席毕飞宇 [N]. 现代快

报，2020-12-30.

⑭ 许钧 . 我所认识和发现的勒·克莱齐奥 [N]. 钟山，2017(6).

⑮ 徐颖 . 三十多年前就想来中国 [N]. 新闻晨报，2008-10-10.

⑯ 记忆、想象与现实主义 : 许钧与勒·克莱齐奥关于文学创作的对话 [J]. 外国文学研究，2021(1).

⑰ 勒爷爷在南大 : 专访诺贝尔文学奖得主勒·克莱齐奥 [N]. 南京大学校报，2019-07-07 .

⑱ 陈席元 . 汉娜 : 被"一带一路"吸引的非洲女孩 [N]. 参考消息，2019-05-01.

⑲ 唐虔 . 我在国际组织的 25 年 [M]. 北京 : 中信出版社，2020.

⑳ 唐虔 . 我在国际组织的 25 年 [M]. 北京 : 中信出版社，2020.

㉑ 作家勒·克莱齐奥在华东师范大学的讲演 : 都市中的作家 [N]. 文汇报，2011-09-05.

㉒ 白雁，张垚仟 . 三城记 : 文学让城市更美好 [N]. 现代快报，2019-12-08.

㉓ 哈罗德·布鲁姆 . 巴黎文学地图 [M]. 上海 : 上海交通大学出版社，2017.

㉔ 丁帆 . 金陵旧颜 [M]. 南京 : 南京出版社，2014.

㉕ 张清华 . 江苏作家群的精神气质 [N]. 光明日报，2018-02-07(16).

㉖ 卢前 . 卢前笔记杂钞 [M]. 北京 : 中华书局 ，2006.

后记

"世界文学之都"名片赋予南京，是一件文化盛事，作为在南京读书生活的人，与有荣焉。为文都南京写一本书，却又是不知深浅，勉为其难。

十朝古都，千年文脉。天下文枢，世界文都。既要梳理历史文化，又要叙述申报之路；既要宏观论述申都文化意义，又要微观扫描南京的文学场景；既要文学，还要纪实，兴冲冲接题，展开卷后悔。

好在，文学之都南京有一批极好的学者和文化人。听说我要写这么一本书，人人援手，个个出力，有问必答，关怀备至，我深感何德何能，劳他们大驾。在本书完稿之时，我必须记上一笔，以示感激。

2019年底，在世界文学之都中国官方联络人、文都促进中心主任袁爽女士和《扬子江文学评论》副主编何同彬的鼎力支持下，我草拟出了本书大纲和写作思路。随后，组织了一个小型的评议会，进行讨论修改。中国作协副主席、江苏作协主席毕飞宇教授，浙江大学外国语学院许钧教授，江苏省委研究室原副主任范朝礼先生，南京师范大学文学院何平教授等人认真审读，提出了详细的指导意见。毕飞宇主席强调要多写南京的读书氛围、文学活动，因为文学之都是千万的读书人一双手一双手捧出来的。许钧教授鼓励我大胆地写，写一本文学之都的私人经验史，写出文学参与世界文化交流的价值和意义，"哪怕写成论文都没关系，只要让看过书的人能喜欢南京，喜欢南京的文学"。何平教授则提醒我，不要过于宏大叙事，写成了工作报告，而是要讲出文学与城市的关系，文学是如何在日常的生活场景中呈现出来的，比如书店、咖啡馆、剧场等文学景观。

在诸位大家的指导下，我对大纲和写作思路做了大幅调整，搜集整理了文都申报过程中的大量资料，列出了50余位南京乃至全国的文化学者、作家名单，拟一一进行采访。采访完大众书局、凤凰云书坊等书店老板之后，时光悄然进入2020年。这一年，一场大疫情猝然而至，全世界为之动荡混乱，全人类为之惊情忧伤。这场席卷全球的大疫情为生活按下了暂停键，也影响到了本书的写作和采访。但是我没有放弃，而是寻找一切时机，联系采访那些我认为应该为文学之都发声的人。犹记得穿过南京大学图书馆层层门禁，听程章灿馆长谈六朝文学；犹记得发邮件给许钧老师请教勒·克莱齐奥诗歌的问题，他迅速发来大作家的诗歌全文，还对书稿写作提出了详细的意见；犹记得戴着口罩，坐在一书皆无的新书房里，听剧作家罗周谈戏剧作法；犹记得耳边夹着手机，边听边记，与编剧、学妹温方伊连线讨论她的新作《繁花》，当时她正怀着双胞胎，谈文说戏，笑声不断，如今孩子都两岁多了吧；犹记得夏日午后，与读者们坐在万象书店里，听一位七旬学者讲中山陵史料，忘记了窗外仍然是疫情四起的世界。

当然，由于无法出行和见面，也有些采访没有做成，有些章节因为调整留下了遗憾，有些内容由于各种原因没有写入。比如想写写南京的书籍装帧师们，在他们的手下，出了很多世界最美的书。比如我曾经做了一份南京作家的问卷调查，许多作家纷纷填写问卷，热情地给予精彩回答，其中有韩东、胡弦、育邦、余一鸣、朱庆和、庞羽等等作家诗人，限于篇幅，这份调查没有完整刊登，在此向他们致谢和致歉。

我还要向世界文学之都促进中心的小伙伴们表达深深的谢意。无论是搜集整理素材，还是帮助联系采访，他们热心支持，保障到位。世界文学之都的申报过程中，他们付出了辛劳和智慧。本书的写作，他们同样付出了爱心和劳动。

最后，特别要向袁爽女士致谢。作为南京申报文都的具体执行人和全程亲历的关键人，没有她的热情鼓励和帮助，这本书无法完成。她不仅多次接受采访，而且亲自写了万余字回忆素材，认真审读修改全书中有出入的内容。本书中除了特别署名，其他照片也都是由促进中心提供支持。遥想当年她奔赴联合国教科文组织，熟练用英语或法语介绍南京文学、热情推介南京这座城市的场景，实在为南京遇上这样的优秀人才而深感荣幸。

在申报过程中，还有许多的部门、机构和领导付出了辛劳，做出了重大贡献，作为一本民间视角私人感悟的小书，限于条件和水平，对此无法一一体现，殊为遗憾。

"金陵城上西楼，倚清秋。万里夕阳垂地，大江流。"

文学如长河，滔滔永不休。

在这里，读懂南京。

在世界文学之都，读懂心灵。

宋世明

2022 年 3 月 南京

2023 年 10 月 连云港

图书在版编目（ＣＩＰ）数据

世界文都：南京密码 / 宋世明著 . -- 南京：南京大学出版社，2024.3

ISBN 978-7-305-24945-7

Ⅰ . ①世… Ⅱ . ①宋… Ⅲ . ①文化史－南京 Ⅳ . ① K295.31

中国国家版本馆 CIP 数据核字 (2023) 第 197588 号

出版发行	南京大学出版社	
社　　址	南京市汉口路 22 号	
书　　名	**世界文都　南京密码**	
	SHIJIE WENDU NANJING MIMA	
著　　者	宋世明	
责任编辑	梁承露	
校　　对	赵丽媛	
印　　刷	南京爱德印刷有限公司	
开　　本	880mm × 1230mm　1 / 32	
印　　张	11.375	
字　　数	189 千	
版　　次	2024 年 3 月第 1 版　2024 年 3 月第 1 次印刷	
书　　号	ISBN 978-7-305-24945-7	
定　　价	68.00 元	
网　　址	http://www.njupco.com	
官方微博	http://weibo.com/njupco	
官方微信	njupress	
咨询热线	（025）83594756	

本书入选江苏省作家协会重大题材文学作品创作工程，特此致谢。